小学生应掌握的100项生活技能

主编 邹 红

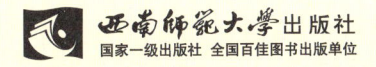

西南师范大学出版社
国家一级出版社 全国百佳图书出版单位

图书在版编目（CIP）数据

小学生应掌握的100项生活技能 / 邹红主编 . -- 重庆：西南师范大学出版社，2021.8
ISBN 978-7-5697-1060-1

Ⅰ.①小… Ⅱ.①邹… Ⅲ.①劳动课—小学—教学参考资料 Ⅳ.① G624.93

中国版本图书馆 CIP 数据核字 (2021) 第 151388 号

小学生应掌握的 100 项生活技能

XIAOXUESHENG YING ZHANGWO DE 100 XIANG SHENGHUO JINENG

主　编　邹　红

责任编辑：周明琼
责任校对：路兰香
装帧设计：张　晗
排　　版：重庆允在商务信息咨询有限公司
出版发行：西南师范大学出版社
　　　　　地址：重庆市北碚区天生路 2 号
　　　　　邮编：400715
　　　　　市场营销部电话：023-68868624
印　　刷：重庆俊蒲印务有限公司
幅面尺寸：185mm × 260mm
印　　张：13.25
字　　数：198 千字
版　　次：2021 年 8 月　第 1 版
印　　次：2021 年 8 月　第 1 次印刷
书　　号：ISBN 978-7-5697-1060-1
定　　价：49.00 元

编委会

主　　编：邹　红

副 主 编：罗　茜　吴绍雄　瞿　炼　谭晓泉
　　　　　周　园　周小晴　余　书　陈　勤

执行编委：瞿　炼　谭晓泉　周　园　王灿霞
　　　　　曹　莉　包　娟

编　　委：王　勇　彭　茜　周小云　谭秀玉
　　　　　刘东洋　朱叶彤　冯　艳　黄　岚
　　　　　杨　欣　蒋薇薇　李芳芬　祖扬扬
　　　　　李晓怡　李　洁　马芙蓉　张　静
　　　　　付廷英　黄忆生　王玲丽　申　智

前 言

让劳动教育走向生活

重庆市江北区玉带山小学　邹　红

根据相关统计数据显示，重庆城市小学生数量庞大，2020年重庆市小学在校生数量达到了202.5万人，居全国之首。这么庞大的受教育群体的劳动教育状况必将极大影响并冲击着重点城市的社会发展，值得引起高度重视。

2020年3月20日，中共中央、国务院印发《关于全面加强新时代大中小学劳动教育的意见》有10处提到"生活"。主要集中在：第一部分"充分认识新时代培养社会主义建设者和接班人对加强劳动教育的新要求"中的第二点"指导思想"中指出劳动教育要"紧密结合经济社会发展变化和学生生活实际"。第二部分"全面构建体现时代特征的劳动教育体系"中关于"把握劳动教育基本内涵"部分中指出"实施劳动教育重点是在系统的文化知识学习之外，有目的、有计划地组织学生参加日常生活劳动、生产劳动和服务性劳动"。第二部分"明确劳动教育总体目标"中指出"体会劳动创造美好生活"，在"确定劳动教育内容要求"中提到"以日常生活劳动、生产劳动和服务性劳动为主要内容开展劳动教育","小学低年级要注重围绕劳动意识的启蒙,让学生学习日常生活自理,感知劳动乐趣,知道人人都要劳动"。第三部分"广泛开展劳动教育实践活动",针对"家庭要发挥在劳动教育中的基础作用"中指出:"注重抓住衣食住行等日常生活中的劳动实践机会,鼓励孩子自觉参与、自己动手,随时随地、坚持不懈进行劳动,掌握洗衣做饭等必要的家务劳动技能,每年有针对性地学会1至2项生活技能。鼓励学校(家委会)和社区等组织开展学生生活技能展示活动。学生参加家务劳动和掌握生活技能的情况要按年度记入学生综合素质档案。鼓励孩子利用节假日参加各种社会劳动。家庭要树立崇尚劳动的良好家风,家长要通过日常生活的言传身教、潜移默化,让孩子养成从小爱劳动的好习惯。"

2020年7月7日,教育部印发《大中小学劳动教育指导纲要(试行)》的通知,文件中33次提到"生活"。

相关学者认为劳动教育需要走向生活。我国知名学者柳夕浪指出"在真实的生活情境中实践劳动教育"(《中国教育报》),樊树林提出:"劳动教育就是一种生活教育,学生在劳动中获得一些生活体验,以及从劳动中获得生活的乐趣,培养一种现代新生活的态度与方式,既是今后生活的需要,也是未来生存的需要,更是让其生命更好地发展的需要。"汤勇指出:"劳动教育是最好的生活教育。"胡佳新、刘来兵指出:"生活是教育的原点,生活力作为青年学生的关键能力,与劳动及劳动教育紧密相连。劳动教育将生活、实践、教育进行有机整合,具有生活性、实践性和教育性。通过对劳动教育的异化分析,审视劳动教育的应然价值,重构劳动教育体系。以人的全面发展为目标,以生活力培养为主导,在培养人、塑造人、改变人教育过程中结合其他四育形成'合育'，实现求真、至善、臻美的教育意蕴。"刘琴、茅剑英提出以"劳动"为内容的生活教育体系构建。于漪提出："劳动教育，让孩子拥有幸福生活的能力——新时代中小学劳动教育的内涵、意义与推展。"肖纲领提出："拾起劳动教育，才能学会生活。"

从以上文献，可以看出，没有生活，就没有劳动，更没有真正意义上的劳动教育。要加强劳动教育，无论是劳动教育的内容、劳动教育的途径、劳动教育的方法，都需要进行"生活化"的设计和实践。做好劳动教育"生活化"是落实劳动教育的重要路径。习近平总书记指出的"美好生活靠劳动创造""幸福都是奋斗出来的"，也是对劳动教育"生活化"的重要指示。对于城市小学而言，研究探索"生活化"的劳动教育有效策略，正是增强劳动教育有效性的重要而有益的探索。

玉带山小学建校已80周年，在学校经历农村学校、城乡结合部学校、拆迁安置区学校、城市集团化办学过程中，始终坚持劳动教育生活化实践，即在日常生活中开展劳动教育，坚持在日常生活中培养儿童的良好劳动习惯，增强儿童的自立自强意识和能力。学校劳动教育课程资源的开发，充分挖掘儿童身边的生活资源，努力做到将日常生活中的劳动机会还给儿童，在儿童生活自理和家庭生活事务处理中进行劳动教育。

学校为此开展了丰富多彩的劳动教育。本书所编写的小学生100个生活技能，就是学校教师基于多年教学研究和实践，针对小学生的年龄特征和心理特征，精选的100个必备生活技能。希望通过建立劳动教育与生活的关联，让劳动教育走向生活，促进儿童主动参与劳动实践，增强儿童的生活意识和能力。

本次小学生必会的 100 个生活技能具备以下三个特点：

一是完整性。儿童需要在学校生活、家庭生活和社会生活中获得全面而持续的发展。100 个生活技能分为家庭生活、校园生活、社会生活、应急处理四大类技能，为儿童构建了一个相对完整的日常生活世界。

二是实用性。通过对这些生活技能的学习，儿童可以学会剪指甲、系鞋带、钉纽扣等日常基本劳动，养成自己的事情自己做的习惯，还可以学会为家庭做一些基本劳动，学会珍惜劳动成果；可以学会定位、录制视频等现代生活技能，适应信息时代的发展；还可以学会处理中暑、流鼻血和心肺复苏等应急技能，懂得用生活技能去保护自己和帮助他人。

三是融合性。本书通过一个个具体的生活技能，努力实现德智体美劳五育的有效融合。学生通过动手实践体验，运用所学知识掌握技能，锻炼意志，在日常缝、修、洗、扫等实践活动中，管理自己，美化生活，帮助他人，创造自己的幸福美好生活。

生活技能是一种日常生活劳动。让劳动教育走向生活，不仅是学生走向并创造未来生活的必备品格和关键能力，更是达成学校育人目标"创造未来中国学习者"的必经之路。

本书系中国教育学会"新时代小学生活教育的校本研究"和重庆市教育委员会教育综合改革试点项目"新时代城市小学劳动教育课程开发及实施体系改革研究"阶段研究成果。

目 录

1. 区别清洁用品　　　　/1
2. 洗手　　　　　　　　/3
3. 洗碗　　　　　　　　/5
4. 清理玻璃碴等特殊品　/7
5. 扫地　　　　　　　　/9
6. 拖地　　　　　　　　/11
7. 垃圾分类　　　　　　/13
8. 擦玻璃　　　　　　　/15
9. 使用洗衣机　　　　　/17
10. 手洗衣服　　　　　　/19
11. 晾衣服　　　　　　　/21
12. 钉纽扣　　　　　　　/23
13. 叠衣服　　　　　　　/25
14. 擦皮鞋　　　　　　　/27
15. 换被套　　　　　　　/29
16. 整理床铺　　　　　　/31
17. 整理衣柜　　　　　　/33
18. 整理书架　　　　　　/35
19. 整理行李箱　　　　　/37
20. 整理冰箱　　　　　　/39
21. 整理鞋柜　　　　　　/41
22. 整理家用急救箱　　　/43
23. 养护花卉　　　　　　/45
24. 剪窗花　　　　　　　/47
25. 粘小挂钩　　　　　　/49
26. 制作创意杯垫　　　　/51

27. 布置美化房间	/53	49. 烹饪西红柿炒鸡蛋	/97
28. 收发快递	/55	50. 烤面包	/99
29. 更换遥控器电池	/57	51. 蒸馒头	/101
30. 搭配衣服	/59	52. 制作水果拼盘	/103
31. 系鞋带	/61	53. 泡茶	/105
32. 扎头发	/63	54. 整理书包	/107
33. 剪指甲	/65	55. 整理课桌	/109
34. 组装四驱车	/67	56. 包书皮	/111
35. 关闭水电气阀门	/69	57. 系红领巾	/113
36. 鉴别食品质量	/71	58. 制作一本手工书	/115
37. 认识不能吃的食物	/73	59. 海报制作	/117
38. 合理搭配食物	/75	60. 学记记事本	/119
39. 使用电饭煲煮米饭	/77	61. 包装礼物	/121
40. 使用微波炉	/79	62. 化解矛盾	/123
41. 使用燃气灶和抽油烟机	/81	63. 设置闹钟	/125
		64. 制订旅行攻略	/127
42. 调佐料	/83	65. 认识旅游地图	/129
43. 炒土豆丝	/85	66. 导航	/131
44. 煮重庆小面	/87	67. 手机定位	/133
45. 包饺子	/89	68. 网上挂号	/135
46. 煮荷包蛋	/91	69. 网上购书	/137
47. 蒸鸡蛋	/93	70. 收发邮件	/139
48. 凉拌黄瓜	/95	71. 录制视频	/141

72. 拍照　　　　　　　　/143
73. 使用 ATM 机　　　　 /145
74. 识别假钞　　　　　　/147
75. 认识交通标志　　　　/149
76. 乘坐公共交通　　　　/151
77. 穿救生衣　　　　　　/153
78. 打绳结　　　　　　　/155
79. 搭建帐篷　　　　　　/157
80. 量体温　　　　　　　/159
81. 看药物说明书　　　　/161
82. 拨打 120 急救电话　 /163
83. 拨打 119 消防报警电话
　　　　　　　　　　　/165
84. 拨打 110 报警电话　 /167
85. 正确处理噎住　　　　/169
86. 正确处理鱼刺卡住　　/171
87. 处理烫伤　　　　　　/173
88. 包扎伤口　　　　　　/175
89. 处理宠物咬伤　　　　/177
90. 处理流鼻血　　　　　/179
91. 中暑的紧急处理　　　/181
92. 晕倒的紧急处理　　　/183
93. 正确使用灭火器　　　/185

94. 火灾逃生　　　　　　/187
95. 地震自救　　　　　　/189
96. 暴雨安全避险　　　　/191
97. 遇到他人溺水怎么办
　　　　　　　　　　　/193
98. 遇到交通事故怎么办
　　　　　　　　　　　/195
99. 感冒怎么办　　　　　/197
100. 学会急救心肺复苏　/199

① 区别清洁用品

一、技能简介

现在市场上的清洁用品特别多，在这里我给大家介绍家庭生活中常用的几种清洁用品的用途、使用方法及它们的区别。

二、步骤与方法

（一）厨房清洁剂

1. 厨房清洁剂用途。

厨房清洁剂，是一种能使厨房保持洁净及不含细菌，帮助你维护全家的健康的化学物清洁剂。

2. 使用方法。

（1）将喷嘴旋至"SPRAY"或"STREAM"。

（2）直接喷向油污表面，用百洁布擦拭干净即可。

（3）使用完将喷嘴旋至"OFF"。

（二）厕所清洁剂

1. 厕所清洁剂用途。

用来清洁卫生间的一些顽固化的污渍所用的清洁剂。

2. 使用方法。

先用水冲洗物体表面，将产品均匀散布于污垢处和水中，稍待片刻，用刷子或抹布擦洗便可除去污垢，再用清水冲去即可。

（三）洗衣液

1. 洗衣液用途。

洗衣液，用于洗涤留在衣物上的污渍并有除菌的清洁剂。

2. 使用方法。

（1）水温：一般而言，洗衣服的水温最好不要太高，用温水洗衣服效果比较好。

（2）用量：洗涤用品包装上都有用量说明。

厕所清洁剂和厨房清洁剂、洗衣液的区别主要在于酸碱性上，因为厕所里的污垢都是碱性污垢，所以它需要酸性清洁剂；而厨房的污垢多是油脂污垢，所以必须用碱性清洁剂才能完全清除污垢；若洗衣液的酸性或碱性太强，对皮肤和衣物损伤较大，洗的衣物可能会变硬，颜色发暗，所以其酸性或碱性应弱一些。

三、温馨提示

1. 使用时带上橡胶手套。
2. 请勿吞食；不慎入眼，请用大量水清洗，并即时就医。

你学会了区别家里的清洁用品了吗？尝试选择正确的清洁用品干干家务活吧！

四、自我评价

"区别清洁用品"这个生活技能，我的熟练程度是（在□里打√）：

非常熟练□   比较熟练□   基本会□

不太会□   完全不会□

2 洗手

一、技能简介

绝大部分的病原体都是通过手直接或间接传播的。学会七步洗手法，正确洗手，远离病毒细菌。

二、步骤与方法

1. 打开水龙头，将手打湿，在手上涂抹适量的洗手液（香皂），掌心相对，手指并拢，相互揉搓。

2. 手心对手背沿指缝相互揉搓，双手交叉进行。

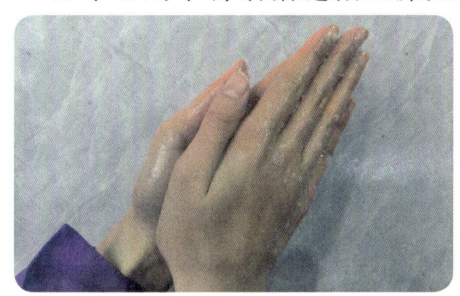

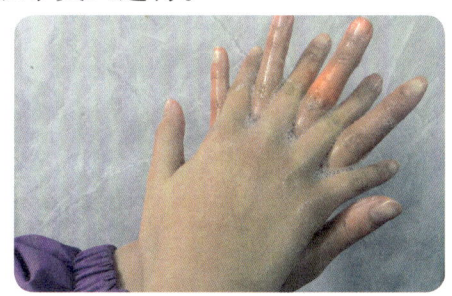

3. 掌心相对，双手交叉沿指缝相互揉搓。

4. 弯曲各手指关节，半握拳把指背放在另一手掌心旋转揉搓，双手交换进行。

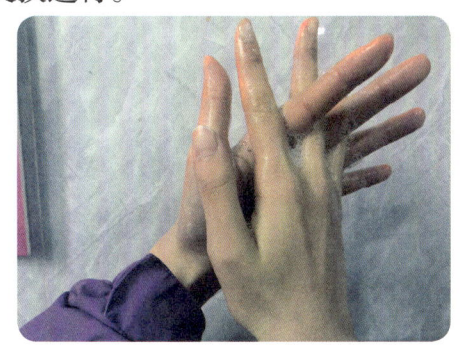

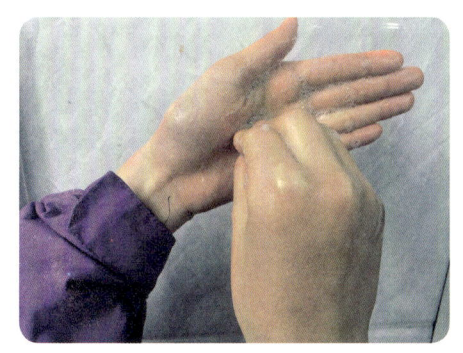

5. 一手握另一手大拇指旋转揉搓，双手交换进行。

6. 弯曲各手指关节，把指尖合拢在另一手掌心旋转揉搓，双手交换进行。

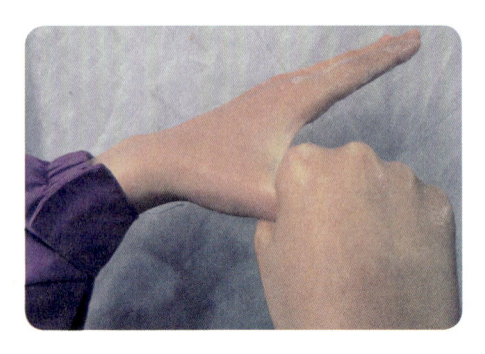

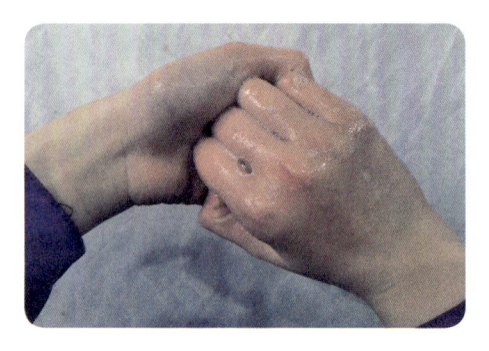

7. 揉搓手腕，双手交换进行。用清水冲洗干净，用纸巾或毛巾擦干。

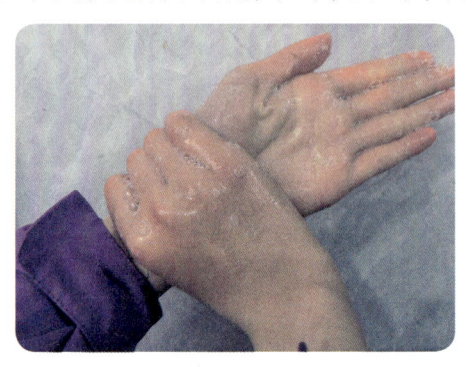

三、温馨提示

1. 每步至少来回洗 5 次，洗手时应稍加用力。

2. 洗手液（香皂）泡沫不慎入眼，请及时用水冲洗。

看一看，自己的小手是否干净？赶快将自己的小手洗干净吧。如果你能教会弟弟妹妹正确洗手就更了不起了！

四、自我评价

"洗手"这个生活技能，我的熟练程度是（在□里打√）：

非常熟练□　　　　比较熟练□　　　　基本会□

不太会□　　　　完全不会□

3 洗碗

一、技能简介

家里的碗筷是谁收拾洗净的呢？你是否有想过帮助爸爸妈妈分担家务呢，赶快来学习洗碗的技能吧。

二、步骤与方法

1. 将餐具收齐后置于洗碗槽中，根据餐具数量和油腻程度，取适量洗洁精，用温水适当浸泡。

2. 用洗碗巾顺着碗壁，来回擦洗，先洗净内壁，再洗碗的背面，直至碗内外油污彻底去除。筷子洗涤可以先整体搓洗，再用洗碗巾逐根擦洗。

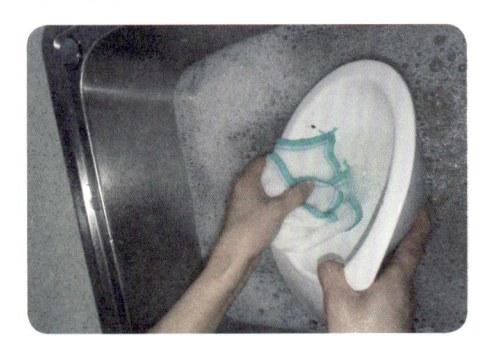

3. 用清水冲洗掉洗洁精泡沫，将冲洗干净的餐具置于沥水架上，让碗壁上的水分充分沥干。

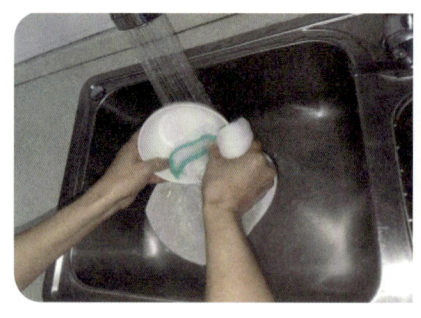

4.将沥干水分的餐具整齐地置入碗橱里,最后将灶台、锅具、厨房地面整理干净。

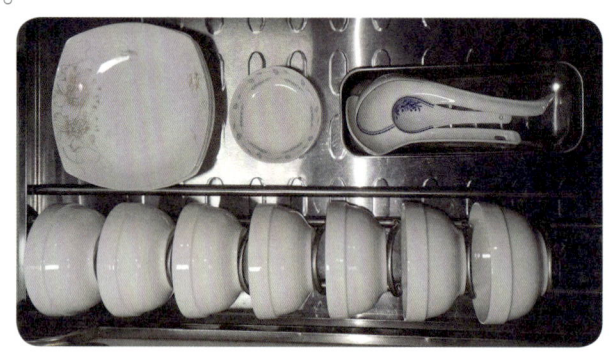

三、温馨提示

1.餐具沾有油污,滴上洗洁精后更易滑落,洗涤时注意把餐具握紧,避免摔碎。

2.洗碗时,不能将刀具浸泡在洗碗槽中,避免受伤。

3.洗洁精含有化学成分,如果不慎入眼,请及时用水冲洗。

你已经掌握了洗碗的技能了吧!赶快自己动手帮爸爸妈妈洗碗,分担家务吧!

四、自我评价

"洗碗"这个生活技能,我的熟练程度是(在□里打√):

非常熟练□　　　　比较熟练□　　　　基本会□

不太会□　　　　完全不会□

④ 清理玻璃碴等特殊品

一、技能简介

生活中不小心打碎了玻璃制品，学会正确、及时清理玻璃碴等特殊品，可以帮助我们排除安全隐患，避免自己或者他人受到伤害。

二、步骤与方法

1. 戴上手套，做好防护。

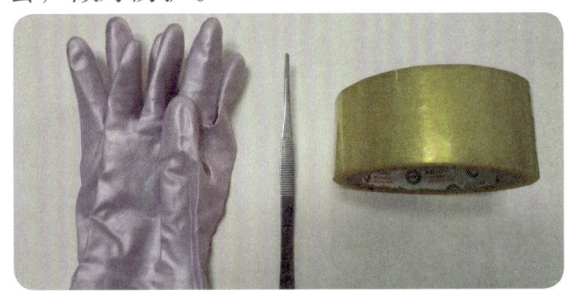

2. 大块的碎玻璃用镊子夹取，小心放进垃圾袋里。

3. 细微的玻璃屑用几段胶带粘取多次，直到清理干净为止，小心放进垃圾袋里。

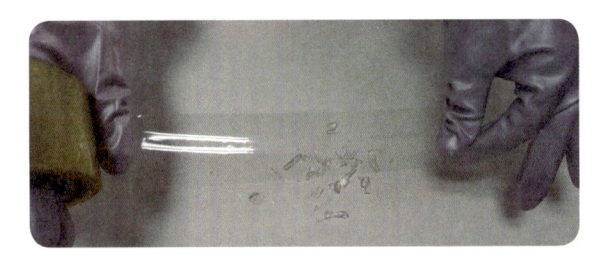

4.将垃圾袋贴上"废玻璃碴，小心划伤"的标签，放入小区的可回收垃圾箱。

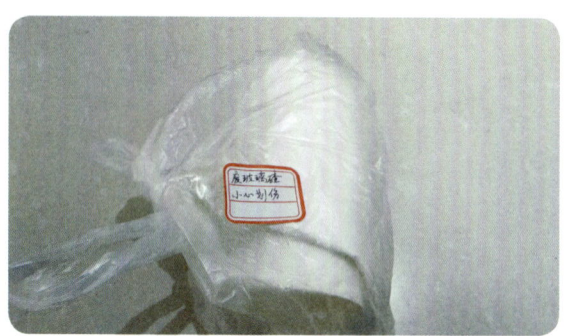

三、温馨提示

1.整理玻璃碴或其他特殊物品时要注意安全。

2.如果玻璃碴较多，可多用几节胶带反复粘取，直到玻璃碴被清理干净。

3.玻璃为可回收垃圾。

生活中，有时会遇到玻璃碎裂的情况。遇到这样的情况，一定不要着急，因为，你已经学会怎样处理了。

四、自我评价

"清理玻璃碴等特殊品"这个生活技能，我的熟练程度是（在□里打√）：

非常熟练□　　　　比较熟练□　　　　基本会□

不太会□　　　　完全不会□

5 扫地

一、技能简介

扫地是为了让我们有良好的学习和生活环境，学会扫地，让教室、家里以及其他地方保持干净，心情也会更舒畅。

二、步骤与方法

1. 左手在上，右手在下，双手紧握扫帚柄，身体向前弯一点。右手用力大一点，带动左手一起用力，扫帚贴着地面，往左前方一下一下地扫。

2. 把四周的垃圾轻轻地扫在一堆。

3.左手拿簸箕，右手拿扫帚，右手用力，将垃圾扫入簸箕，倒入垃圾桶。注意垃圾分类处理。

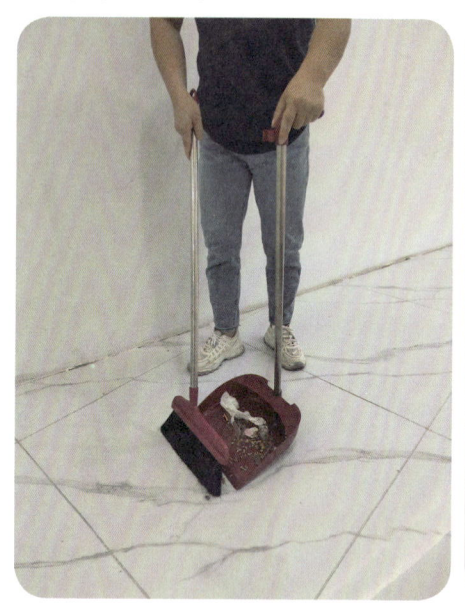

三、温馨提示

常用于铲垃圾的簸箕是塑料或者铁制成的，使用铁簸箕时当心划伤。

你是不是已经掌握了扫地的技能了？赶快和同学一起把教室打扫干净吧。如果能帮助爸爸妈妈打扫家里的卫生就更棒了！

四、自我评价

"扫地"这个生活技能，我的熟练程度是（在□里打√）：

非常熟练□　　　比较熟练□　　　基本会□

不太会□　　　完全不会□

6 拖地

一、技能简介

拖地是在用笤帚和簸箕将地面垃圾打扫一遍过后，用带少量水分的拖把清理地面污渍的过程，是清洁地面必不可少的一步。

二、步骤与方法

1. 将拖把放入水桶中浸湿。

2. 将湿拖把放入脱水篮脱水或手动挤干。

3. 双手握住拖把杆，一来一回退着拖。

4. 将脏拖把清洗干净后放回原位。

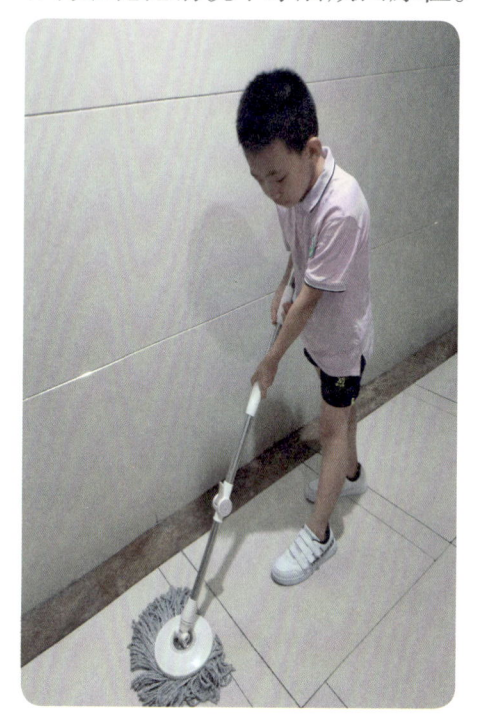

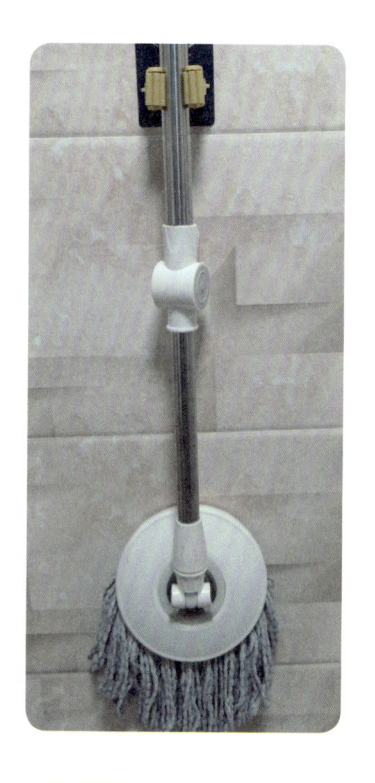

三、温馨提示

1. 拖地时要小心行走，避免滑倒。

2. 拖把要定期浸泡消毒，并放在阳光下暴晒杀菌，拖把要保持干燥。

3. 注意节约用水和保护水资源。

拖地是不是很简单？赶快把家里的地面拖一拖吧！

四、自我评价

"拖地"这个生活技能，我的熟练程度是（在□里打√）：

非常熟练□　　　比较熟练□　　　基本会□

不太会□　　　完全不会□

7 垃圾分类

一、技能简介

学习垃圾分类的知识，能够让我们明确垃圾对社会生活造成的严重危害，认识垃圾分类的重要意义，也能根据分类的标准准确进行分类，树立环保意识，逐渐形成自觉的习惯性行为。

二、步骤与方法

1. 明确垃圾分类标准。

（1）有害垃圾：废电池，废荧光灯管，废温度计，废血压计，废药品及其包装物，废油漆、溶剂及其包装物，废杀虫剂、消毒剂及其包装物，废胶片及废相纸等。

（2）易腐垃圾：餐厨余垃圾，蔬菜瓜果垃圾，腐肉，肉碎骨，蛋壳，畜禽产品内脏等。

（3）可回收物：废纸、废塑料、废金属、废包装物、废旧纺织物、废弃电器电子产品、废玻璃、废纸塑铝复合包装等。

（4）其他垃圾：除上述类别之外的其他生活垃圾。

三、温馨提示

1. 收集垃圾时，应做到密闭收集、分类收集，防止二次污染环境。

2. 纸类应尽量叠放整齐，避免揉团；瓶罐类物品应尽可能将容器内产品用尽，清理干净后投放；厨余垃圾应套袋密封投放。

垃圾分类，从我做起。家里、教室里的垃圾都可以进行分类哟！

四、自我评价

"垃圾分类"这个生活技能，我的熟练程度是（在□里打√）：

非常熟练□   比较熟练□   基本会□

不太会□   完全不会□

8 擦玻璃

一、技能简介

定期擦拭玻璃可以让玻璃变得干净透亮，保持我们居住环境的整洁和美观。

二、步骤与方法

1. 准备一盆干净清水，滴入适量的清洁剂，然后将一块干净的抹布放入盆里浸泡一分钟左右。

2. 将浸湿的抹布拿出来拧干，开始擦拭玻璃，按照一定顺序擦，确保玻璃的每一个地方都能被擦到。之后反复冲洗抹布，再去擦玻璃，直到没有灰尘为止。

3. 等待玻璃上的水迹稍干后，再用干毛巾或报纸擦干表面水迹。

4. 清除玻璃框槽中的灰尘，擦净边框。

三、温馨提示

1. 擦玻璃时不要跨越到外面，靠外的玻璃可选择专用的擦玻璃器进行擦拭。

2. 尽量不使用高凳子等，以免在擦玻璃的途中发生意外。

家里大扫除的时候和爸爸妈妈一起把家里的玻璃擦得干净透亮吧！

四、自我评价

"擦玻璃"这个生活技能，我的熟练程度是（在□里打√）：

非常熟练□　　　比较熟练□　　　基本会□

不太会□　　　完全不会□

❾ 使用洗衣机

一、技能简介

随着社会的发展，洗衣机进入千家万户。洗衣机种类多，常见的有两种，波轮洗衣机和滚筒洗衣机。初次使用前应详细阅读使用说明书，掌握所使用的洗衣机的使用方法和注意事项。

二、步骤与方法

1. 接通洗衣机电源，打开水龙头开关。

2. 将衣物放入洗衣机，添加适量洗衣粉或洗衣液，盖上机盖。

3. 按下电源开关，根据衣物选择程序"混合"或其他针对性的模式，按下"启动/暂停"键。

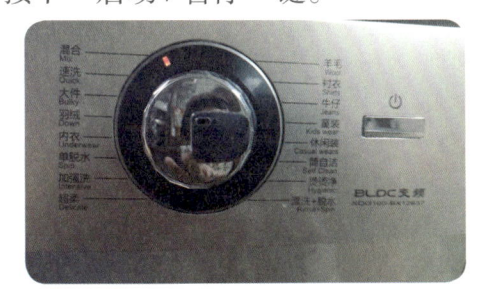

4. 发出嘀嘀声，显示屏上没有时间等数字显示后，关上洗衣机电源，将电源插头拔出，关上水龙头，取出衣物。

三、温馨提示

1. 在使用洗衣机之前先检查需要洗涤的衣物中有没有发夹、钱币、钥匙等物品，如果有，需全部取出。

2. 避免染色：脏衣服一定要区分深浅色，不能混洗。

3. 小心损坏衣物：在洗涤前应小心查看衣物上的标签，看是否可以水洗、熨烫等，并根据衣物的质地，如棉质、化纤、羊毛等选择相应的洗涤程序，避免损坏衣物。

4. 处理顽固污渍：特别脏的衣领和袖口，以及沾上的其他脏东西要用衣领净或者洗衣液单独用手搓洗一下，再放入洗衣机。

5. 在使用洗衣机时，要注意安全。插拔电源插头时，手不能直接接触插头金属片；洗衣机工作过程中，不能直接打开洗衣机盖，不能用手强行停止洗衣机运转。

在父母的指导下用洗衣机洗一洗自己或家人的衣服吧！

四、自我评价

"使用洗衣机"这个生活技能，我的熟练程度是（在□里打✓）：

非常熟练□　　　　比较熟练□　　　　基本会□

不太会□　　　　　完全不会□

10 手洗衣服

一、技能简介

洗衣服是生活中必不可少的一项基础技能，学会正确地洗衣服可以帮助我们保持衣物干净卫生，除掉灰尘，远离细菌。

二、步骤与方法

1. 分类浸泡衣服。盆里倒入水和适量洗衣液，将浅色脏衣物和深色脏衣物分开浸泡 10~15 分钟。

2. 搓洗衣服。用手揉搓衣物，易脏的领口或袖口等部位要反复揉搓或用刷子刷洗。

3. 冲洗衣服。用清水清洗 3~4 次即可。

4. 拧干衣服。两手分别握住衣物两端，将衣物卷成柱形拧干。

5. 晾干衣物。将衣服平顺地挂在衣架上并用夹子固定住后，晾晒。

三、温馨提示

1. 衣物少，可选择用手洗；衣物多，可选择用洗衣机洗。
2. 如果有洗衣液进入眼睛，要及时用清水轻轻冲洗干净。

赶快自己动手洗一洗自己的衣服，也可以帮父母洗衣服哟！

四、自我评价

"手洗衣服"这个生活技能，我的熟练程度是（在□里打√）：

非常熟练□　　　　比较熟练□　　　　基本会□

不太会□　　　　完全不会□

11 晾衣服

一、技能简介

洗干净的衣服需要进行及时晾晒。阳光中的紫外线有杀菌功能，可以让我们的衣服更干净卫生。

二、步骤与方法

1. 将洗干净的衣服从洗衣机里取出，放进洗衣盆里。

2. 拿起衣服抖一抖，将衣服撑开，弄平。

3. 摇下晾衣竿，将晾衣架擦洗干净，然后把衣服挂在晾衣架上，挂平整，整齐晾晒。

4.挂在晾衣竿上，注意区分颜色，浅色的晾一边，深色的晾一边。再摇杆至顶处。

三、温馨提示

1.如没有自动晾衣竿，就需要用到撑衣架帮忙哦。

2.衣物晾干后，要及时收取。

你是不是已经掌握了晾衣服的技能了？赶快帮妈妈把洗好的衣服晾起来吧。

四、自我评价

"晾衣服"这个生活技能，我的熟练程度是（在□里打√）：

非常熟练□　　　　比较熟练□　　　　基本会□

不太会□　　　　完全不会□

12 钉纽扣

一、技能简介

古往今来，纽扣是扣系衣物的重要部件，也是美化装饰服饰的物品。钉纽扣是生活中的一项必备技能。

二、步骤与方法

1. 选择合适的针和线，并穿好线，在线的末端打好结，再在钉纽扣位置的中心处挑一针。

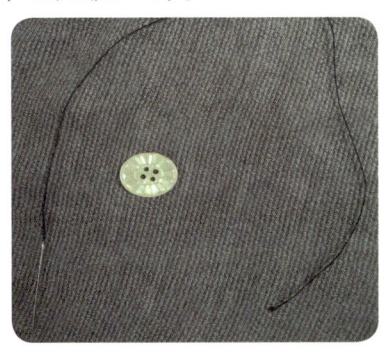

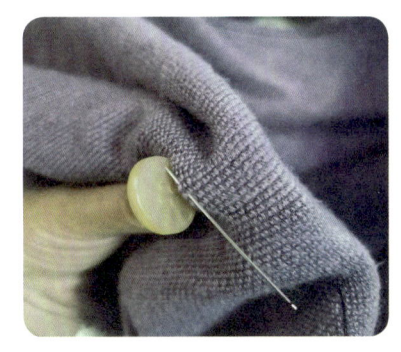

2. 十字穿针引线。将针从纽扣背面穿出，再从斜对孔穿入下面的布料，在下方拉线时预留 3 毫米的间隙。一边斜对孔穿针引线 3~4 次针后，把针从纽扣背面穿出，在另一边的斜对孔，来回穿针引线 3~4 次，最后，形成一个十字。

3. 用线将纽扣与衣料之间的缝线束缠绕 3~4 圈，绕最后一圈时，让针从线圈中穿过，稍用力拉紧，再将针从布的背面穿出。

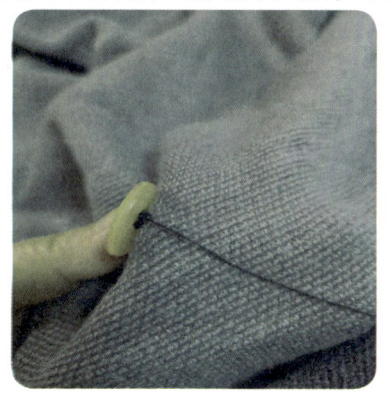

4. 打好止缝结，然后在止缝结外约三毫米处把线剪掉。

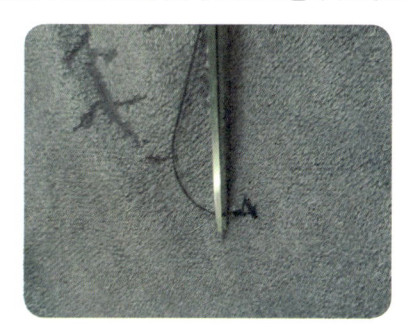

三、温馨提示

1. 用针注意安全，不要刺伤手指。
2. 拉线时要小心，不要划伤他人。

赶快自己动手帮老人或弟弟、妹妹钉一钉纽扣！

四、自我评价

"钉纽扣"这个生活技能，我的熟练程度是（在□里打√）：

非常熟练□　　　　比较熟练□　　　　基本会□

不太会□　　　　完全不会□

13 叠衣服

一、技能简介

衣柜里的衣服放得乱七八糟，既不美观又不方便寻找。把衣服分类整理，整齐地放在衣柜里很重要，这就需要学会叠衣服这项技能了。

二、步骤与方法

（一）叠衣服

1. 将衣服正面朝下平铺。

2. 将左侧衣袖和衣服的一部分沿肩膀的一半这条线向右折叠，再将衣袖往回折叠，衣袖与衣服边线对齐。

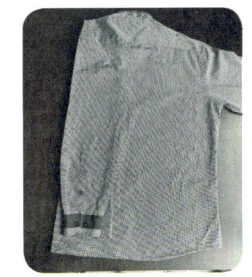

3. 将右侧衣袖和衣服的一部分沿肩膀的一半这条线向左折叠，再将衣袖往回折叠，衣袖与衣服边线对齐。

4. 若衣服带有帽子，先将帽子沿衣领往后折叠，再根据衣服大小，适当地选择衣服的二分之一或者三分之二向上折叠至衣领处。

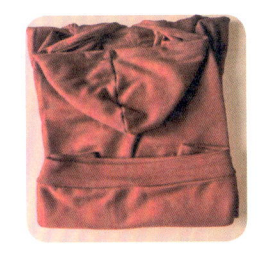

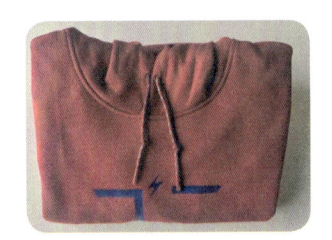

（二）叠裤子

1. 将裤子正面朝上平铺理顺，两条裤腿重叠。

2. 把裆部突出的地方往里折，使整条裤子成一个相对规整的长方形。

3. 裤子两边分别对折到二分之一处。

4. 将裤腿这一边塞进另一边。

三、温馨提示

叠衣服时应选择较柔软的地方，如床上、沙发上等。

叠衣服的技能很有用吧！赶快动手把自己的衣服、裤子叠好，整齐地放在衣柜里哦，也可以帮弟弟妹妹叠哟！

四、自我评价

"叠衣服"这个生活技能，我的熟练程度是（在□里打√）：

非常熟练□　　　比较熟练□　　　基本会□

不太会□　　　完全不会□

14 擦皮鞋

一、技能简介

当我们的皮鞋很脏、没有光泽时,我们就要对它进行清洁、保养、上油、抛光、防霉等一系列护理工作,让皮鞋恢复美丽光亮的新面貌,并且延长皮鞋的使用寿命。

二、步骤与方法

1. 除尘。把鞋带摘掉,用柔软的布料擦去表面灰尘。

2. 去泥。用一块湿抹布擦去鞋面、鞋帮、鞋跟上的泥土,擦完后晾干。

3. 上油。往鞋面上挤 1 厘米长短的鞋油，然后均匀涂抹在整个鞋面。

4. 抛光。擦完油晾一段时间，让皮鞋吸收鞋油后再用擦鞋布来回地用力快擦。

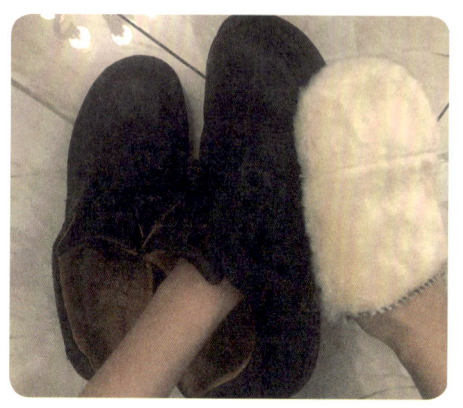

5. 防霉。最后把洗干净的鞋带系上，放进鞋盒里。

三、温馨提示

在用鞋油时，注意不要弄到自己的衣服上。

找出自己或爸爸妈妈的皮鞋，动手擦一擦。

四、自我评价

"擦皮鞋"这个生活技能，我的熟练程度是（在□里打√）：

非常熟练□　　　比较熟练□　　　基本会□

不太会□　　　完全不会□

15 换被套

一、技能简介

我们每天都要花 7~8 小时在睡眠上，这时皮肤分泌的汗液、皮屑等都会掉落在床单被套上，为各种细菌繁殖提供了温床。勤换被套可以减少螨虫滋生，有利于身体健康。

二、步骤与方法

1. 准备被套和棉絮。

2. 将被套里外翻转，平铺。

3. 将棉絮平铺于被套之上，四角对齐。

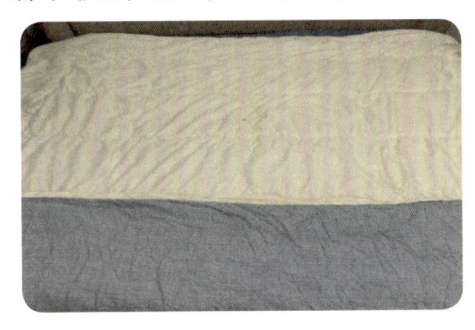

4. 从被套拉链口的对面往内折，拉链口旁对应的角应与棉絮的角重合。

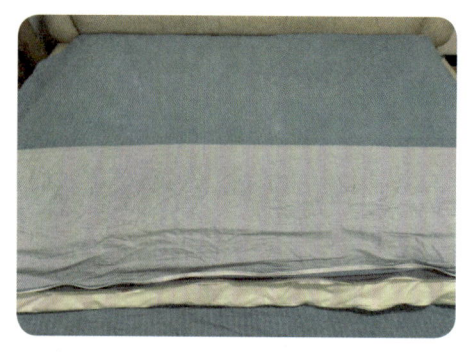

5. 拉链开口正对自己，将手伸进被套，从里侧捏住被角然后往外翻，展开之后，捏住两角，将被子抖平，拉上拉链即可。

三、温馨提示

夏季建议一周换洗一次床单被套；春秋季节每两周换洗一次；冬季可一月换洗一次。

你的被套是否该换洗了？赶快动手换换自己的被套吧！

四、自我评价

"换被套"这个生活技能，我的熟练程度是（在□里打√）：

非常熟练□　　　比较熟练□　　　基本会□

不太会□　　　完全不会□

16 整理床铺

一、技能简介

每天起床后，学生应当学会整理自己的床铺，将被子叠整齐，将枕头放到床头，将床铺平整，从而培养我们的生活自理能力。

二、步骤与方法

（一）叠被子

1. 把被子平铺在床上。
2. 将两条长边沿中心线对折。 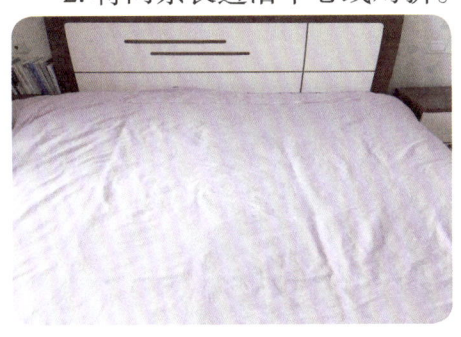 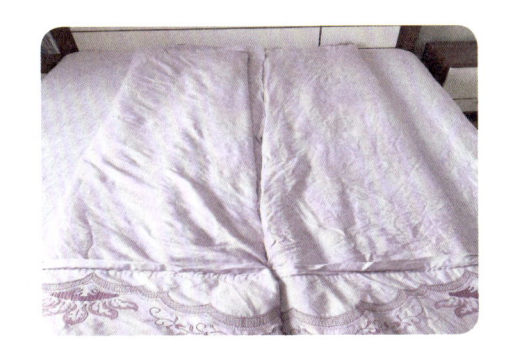
3. 将两条短边沿中心线对折。
4. 将被子再对折成方块。
5. 将叠好的被子整齐地放在床尾。

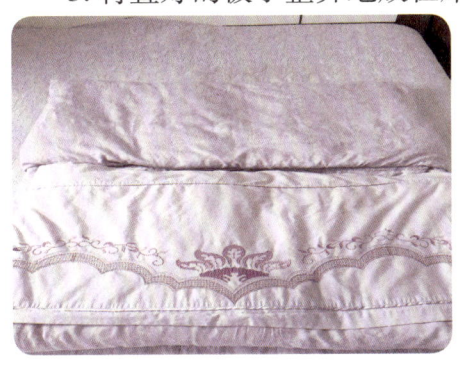

（二）放枕头

将睡皱了的枕头抖一抖，待平整后再用手将枕头套抚平，最后将枕头整齐地放在床头。

（三）铺床

用手将床单上的痕迹抚平。

（四）装饰

将装饰物品或者自己最喜欢的洋娃娃等，垂直地放在床头，用来点缀自己温馨的小床。

三、温馨提示

床上装饰摆设不宜过多，以免影响睡眠。

整理床铺并不难，从今天开始，每天整理好自己的床铺，也可以帮家人整理哦！

四、自我评价

"整理床铺"这个生活技能，我的熟练程度是（在□里打√）：

非常熟练□　　　比较熟练□　　　基本会□

不太会□　　　完全不会□

17 整理衣柜

一、技能简介

学会整理衣柜，对衣柜里的东西进行合理规划和布局，这样做既美观又节约时间。下面就来看看应该如何整理衣柜。

二、步骤与方法

1. 分类。将挑选出来的衣服，按照穿着季节进行分类。这样做的目的是节省衣柜的空间，避免因为不使用造成空间浪费。

2. 悬挂。将大衣以及一些极易变皱的衣服挂起来。尽量把衣服都挂起来，这样能让你一眼就看到自己的衣服，并能留出更多存储空间。

3. 叠放。将剩下的使用频率不高，也不易形成褶皱的衣服整齐地叠起来，放进衣柜的格子里。将常穿的衣服放在上面，不常穿的衣服放在下面。

4. 收纳。再准备几个收纳盒，把内衣、袜子整理好，放到不同的收纳盒里，然后将收纳盒整齐地摆放到衣柜里即可。（也可以将收纳盒放入柜子抽屉里。）

三、温馨提示

1. 提倡朴素和节俭，不要随意扔掉旧衣物。
2. 可以考虑将旧衣物变废为宝，或者送给需要的人群。

想一想，你的衣柜是不是需要整理一下呢？现在就动手试一试吧！

四、自我评价

"整理衣柜"这个生活技能，我的熟练程度是（在□里打√）：

非常熟练□　　　比较熟练□　　　基本会□

不太会□　　　完全不会□

18 整理书架

一、技能简介

书籍是人类生命的精神源泉。很多家庭都有大量的书，但是，书不能随便摆，否则找起来会相当麻烦，也会让人失去想要查阅它的愿望。将书籍科学地、整齐地摆放，这样，书柜也能成为一道美丽的风景线。

二、步骤与方法

1. 清理书架。用湿抹布将书架擦干净，等待书架晾干。

2. 打扫书籍。用鸡毛掸子等工具把书页上的灰尘掸干净，整齐地放到旁边。

3. 整理书籍。按照使用频率对书籍分类，把不太感兴趣和暂时不需要的书籍，置于最上方或者最下方。留出中间显眼且易于拿放的位置，放置自己喜欢和近期常用的书籍。

4. 美化。可以在书架上放一些装饰品，增加美感，如小吊饰、照片、绿植等。

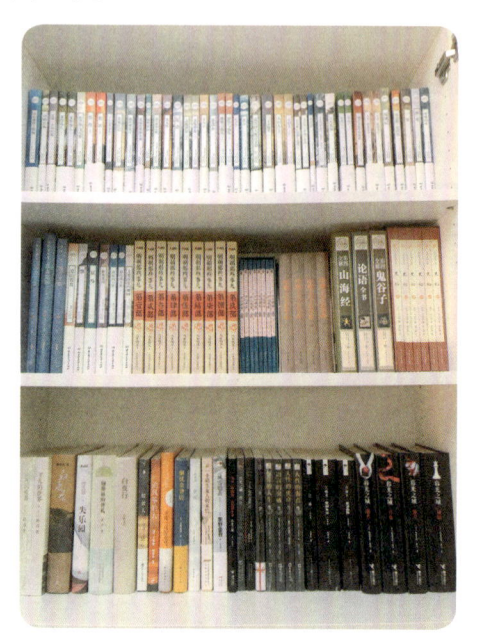

三、温馨提示

1. 我们应当爱护书籍，不能在书上乱涂乱画。

2. 和书籍成为好朋友，受益终生。

在整整齐齐的书架前阅读,是一件很愉快的事情。那么，开始行动吧！

四、自我评价

"整理书架"这个生活技能，我的熟练程度是（在□里打√）：

非常熟练□　　　比较熟练□　　　基本会□

不太会□　　　完全不会□

19 整理行李箱

一、技能简介

外出旅行是一件非常愉悦的事情,但是如果没有提前准备好行李,则会让旅行的体验变得糟糕起来。学会旅行出发前,科学整理行李箱,省心又省力。

二、步骤与方法

1. 列置物品清单。

2. 填平凹槽。完美整理行李箱的第一步是填平底层的凹槽,这样便可以避免衣服在平铺入行李箱时出现褶皱。

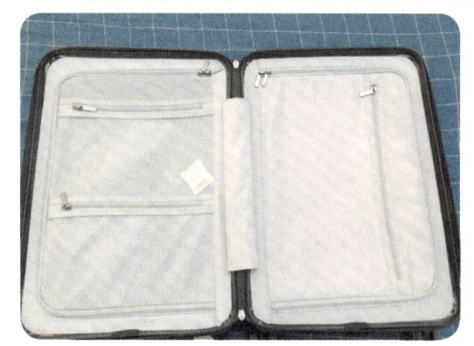

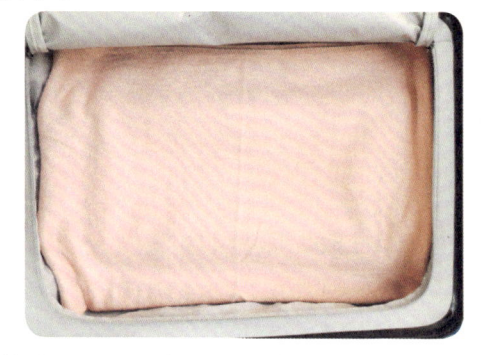

3. 收纳衣服。最万能的方法就是将衣服卷起来,这样做快速、高效、省空间,还能使那些容易皱的衣服减少些褶皱,保持平整。

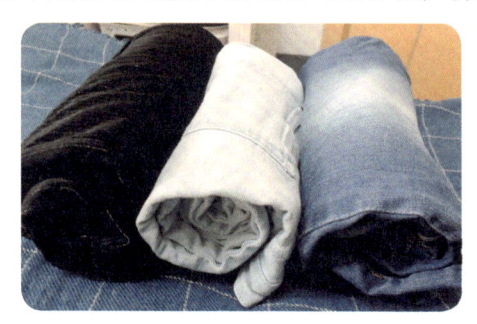

4. 收纳鞋子。把鞋子放进浴帽或者密封袋里，既没有异味，也不容易弄脏行李。可以在鞋子里塞入几双袜子等小物件，充分利用每一个小空间。

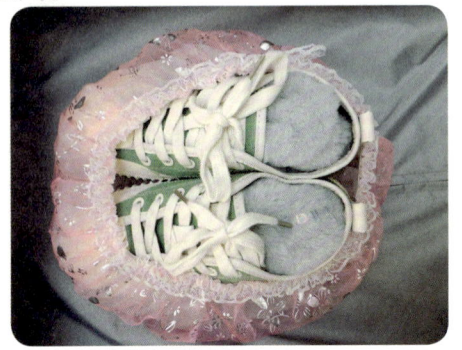

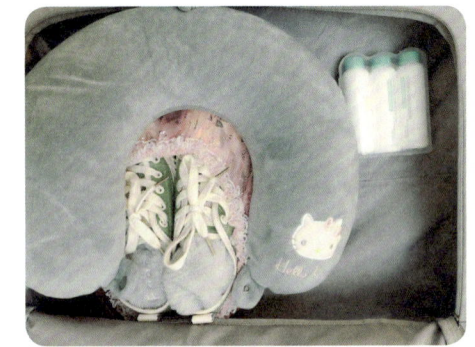

5. 收纳包。可以在网上买一些收纳包，用来收纳牙刷、毛巾、化妆品和洗发水套装等，避免漏洒。

6. 最后合上行李箱，检查是否能轻压合拢，避免物品过多。

三、温馨提示

1. 可根据旅行时间的长短和目的地的天气准备行李。

2. 合理利用行李箱的空间，较重的物品收纳在行李箱靠万向轮一边。

学习了这一部分后，你可以拿出家里的行李箱，试着做一下整理，下次旅行出门的时候，就可以按照上面的做法来准备行李箱了。

四、自我评价

"整理行李箱"这个生活技能，我的熟练程度是（在□里打√）：

非常熟练□　　　　比较熟练□　　　　基本会□

不太会□　　　　完全不会□

⑳ 整理冰箱

📌 一、技能简介

通常情况下，很多人都认为冰箱是食物的"保险箱"，"百毒不侵"。于是人们都喜欢把蔬果和剩饭、剩菜等统统装入冰箱，一放就是很多天。其实，食物放在冰箱里面同样容易受到污染，放在一起还经常窜味，杂乱放置的食材也不便我们取用。就让我们一起来整理一下吧！

📍 二、步骤与方法

1. 冰箱断电，清空冷藏室、冷冻室的物品，取出隔板。
2. 将 2 勺小苏打放入 1000 毫升水里，搅匀；将抹布放在小苏打水中浸湿后拧干，用抹布擦拭冰箱内壁及隔板；用干净抹布擦拭冰箱内壁及隔板。

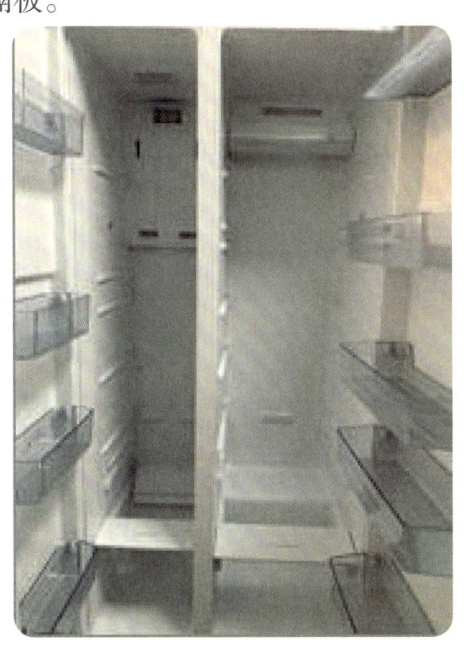

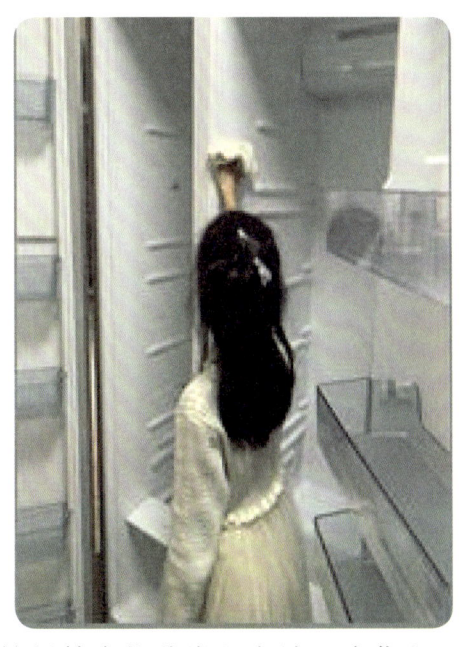

3. 将蔬菜、瓜、果、蛋、熟食、饮料等食物分类整齐放入冷藏室。

4.将冷冻食物（生肉、冷冻食品、雪糕等）分类整齐放在冷冻柜里。插上电源。

三、温馨提示

1.整理前一定要关闭冰箱电源。

2.食用小苏打去污能力强，生、熟食物要用保鲜膜分开包装。

现在你想不想马上行动起来，把家里的冰箱好好整理一下？和爸爸妈妈一起，让冰箱焕然一新吧！

四、自我评价

"整理冰箱"这个生活技能，我的熟练程度是（在□里打√）：

非常熟练□　　　　比较熟练□　　　　基本会□

不太会□　　　　完全不会□

2.1 整理鞋柜

一、技能简介

整理鞋柜，是我们生活中的一种生活技能。整理收纳鞋柜，方便取用鞋子，也能够更好地保养鞋子。

二、步骤与方法

1. 打开鞋柜，取出鞋柜所有的鞋子。

2. 用干净抹布擦拭鞋柜内壁及隔板。

3. 将不同鞋子用不同方法清洁干净。

4. 将清洁干净的鞋子分类整理在鞋柜里。

三、温馨提示

1. 清洁鞋子前，要先看看鞋子的洗涤说明或问问父母！
2. 注意别让清洗液溅入眼中哦！

赶快看看你家的鞋柜，现在开始整理它吧！整理完后，让爸爸妈妈来欣赏一下吧！

四、自我评价

"整理鞋柜"这个生活技能，我的熟练程度是（在□里打√）：

非常熟练□　　　　比较熟练□　　　　基本会□

不太会□　　　　　完全不会□

22 整理家用急救箱

一、技能简介

当日常生活中的磕、碰、擦伤发生之时，随手可取的应急药品就能够有效地保证家人的健康安全。除了掌握必要的急救措施，家里还应备有一个急救箱，只有这样才能在意外发生时将伤害降到最低。

二、步骤与方法

1. 清理家里急救箱的物品。

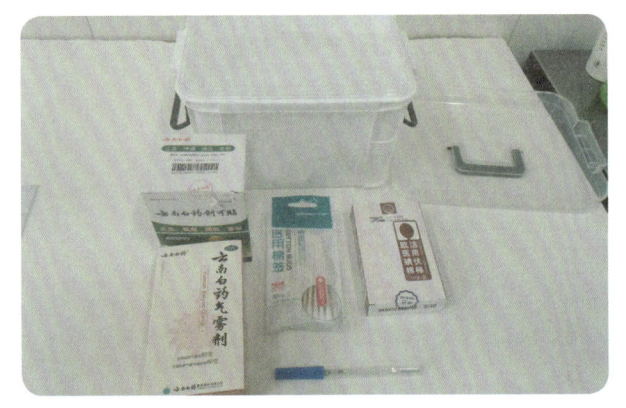

2. 网上查询家用急救箱的必备物品和药品，并购买。

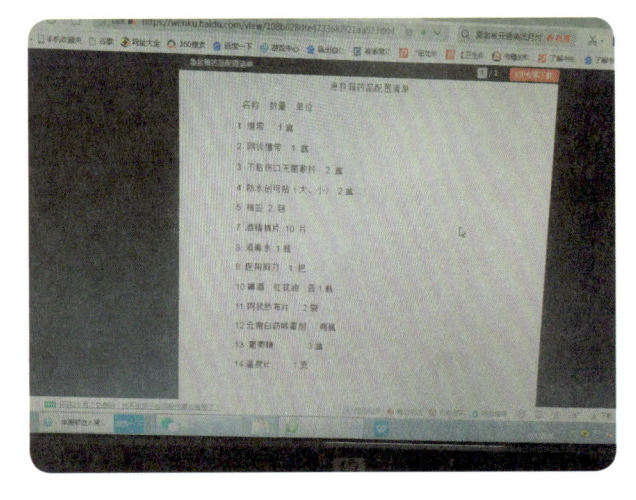

3. 将家用急救箱的必备物品和药品分类整理。

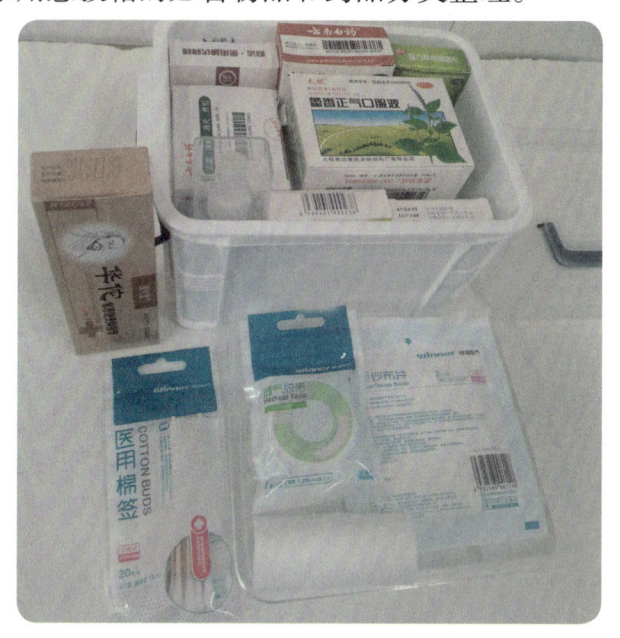

4. 定期清理过期物品和药品,并添置常备药品。

三、温馨提示

1. 急救箱里面的药品,必须定期检查,查看是否过期、变质等。同时,急救箱不宜放置在温度过高的地方,最好放在阴凉、干燥的地方,防止药物变质。

2. 过期物品和药品要科学处置,以免造成危害。

家用急救箱,一定要常常整理。现在,打开家里的急救箱,列一个清单,看看有什么需要添置的。

四、自我评价

"整理家用急救箱"这个生活技能,我的熟练程度是(在□里打√):

非常熟练□　　　　比较熟练□　　　　基本会□

不太会□　　　　完全不会□

23 养护花卉

一、技能简介

养护花卉是指对花卉进行浇水、换土、防止病虫害和施肥、修剪等行为，以及针对花卉出现的各种不良症状进行处理的行为。

二、步骤与方法

（一）选择好土壤

家庭养花用的土壤，要求疏松、通气而又富含养分，可用黄土、腐叶土、炉灰按 2:6:2 的比例拌匀。腐叶土可购买，也可自制。

如使用野外的土壤，可将土壤强光暴晒 48 小时以上，杀死细菌和虫卵。

（二）适当浇水

1. 浇水时间。春、秋季节的上午 10 点以前和下午 4 点以后，为最佳浇水时间，夏季切勿在中午浇水，而冬季应在中午浇水。

2. 浇水频率。春季花木隔 3~4 天浇一次水，夏季的盆栽花木早、晚各浇一次水，秋季 2~3 天浇一次水，冬季每周浇 1~2 次水。

（三）正确施肥

可在家长的陪伴下购买或自制富含氮磷钾的"有机肥"进行施肥。"有机肥"包括人粪尿、厩肥、堆肥、绿肥、饼肥、沼气肥等。也可以使用变质奶、淘米水发酵后进行施肥。

（四）适时修剪

1. 修剪花卉第一招——摘心。将花卉主茎或侧枝顶端的花梢剪掉或掐掉，也称为"去

尖"或"打顶"。摘心可以解除花卉的顶端优势，促进靠下枝芽的萌发与生长。

2. 修剪花卉第二招——抹头。春季新枝萌发之前，剪掉植物上部所有的部分，只留下主干。而具体留下多高，则需要视花卉种类而定。

3. 修剪花卉第三招——疏剪。疏剪指的是修剪花卉的枝叶、花蕾、花形等。如植物生长过于茂盛，或者发生枝叶枯黄、受病等现象就需要进行疏剪。

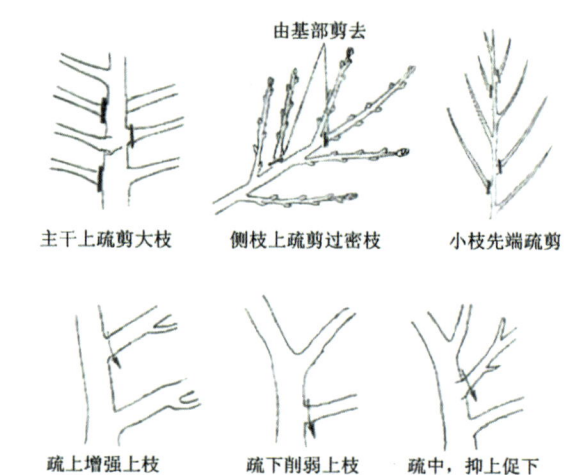

由基部剪去

主干上疏剪大枝　　侧枝上疏剪过密枝　　小枝先端疏剪

疏上增强上枝　　疏下削弱上枝　　疏中，抑上促下

不同情况的疏剪示意图

（五）让花草远离病虫害

将花草搬到家里通风、光照充足的地方。病虫害严重的情况下，可提醒父母使用花草杀虫剂。

三、温馨提示

1. 施肥时要注意戴上手套、口罩，肥料浓度不能太高，次数不能太多，有机生肥，必须腐熟发酵后才能使用。
2. 杀虫剂具有一定的毒性，请远离它。
3. 修建花卉，注意安全使用工具。

家中有植物，可以清新空气，美化环境。可以自己试着养一盆花或其他植物，和家人共同呵护它的成长吧！

四、自我评价

"养护花卉"这项生活技能，我的熟练程度是（在□里打✓）：

非常熟练□　　　　比较熟练□　　　　基本会□

不太会□　　　　完全不会□

24 剪窗花

一、技能简介

窗花是粘贴在窗户玻璃上的剪纸，属于中国传统民间艺术之一。它具有稚拙古朴、简洁灵活的特点，在传统节日春节里，用窗花来装饰家里，成为中国春节喜庆活动的重要方式。窗花烘托了节日气氛，寄托了人们辞旧迎新、接福纳祥的美好愿望。

二、步骤与方法

1. 选择一张正方形的彩色纸。
2. 沿着正方形彩纸的对角线对折。

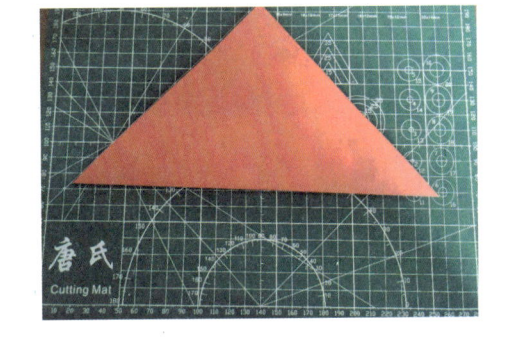

3. 再沿着另外一条对角线对折。
4. 再把三角形对折。

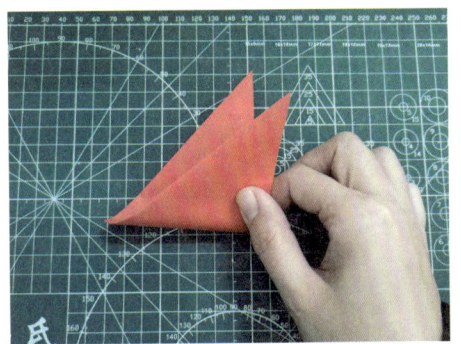

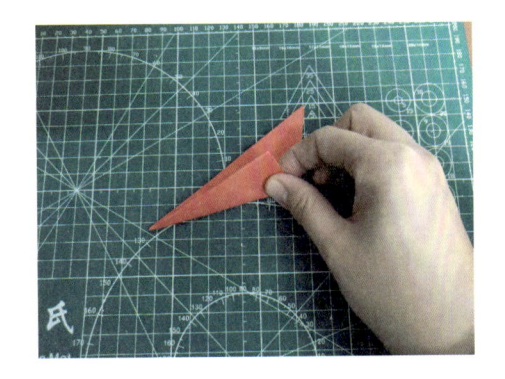

5. 剪掉和顶点相对的那一条边的一部分。

6. 轻轻打开，检查团花的圆形。

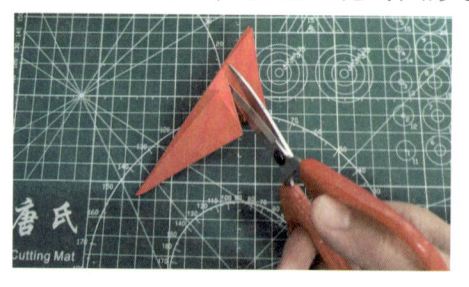

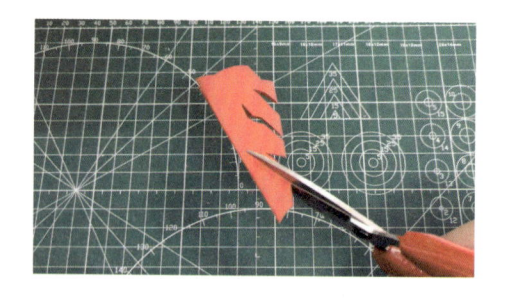

7. 重新折回去，开始剪花纹。

8. 轻轻打开，检查花纹，不满意的地方可以还原再修剪。

9. 打开压平，完成。

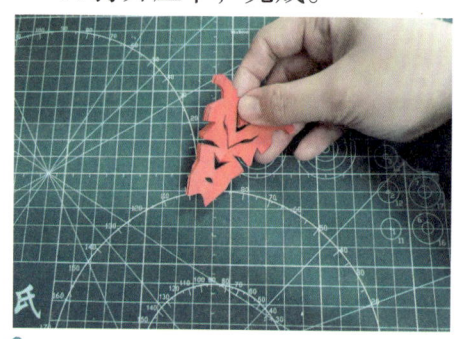

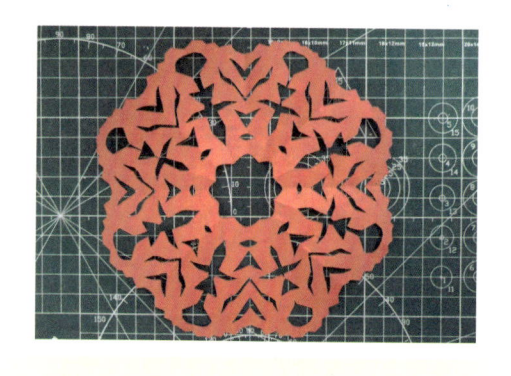

三、温馨提示

1. 剪完之后注意收拾桌面，保持整洁。

2. 注意剪刀使用安全。

你是不是已经掌握了剪窗花的技能了？赶快自己动手试一试吧，剪出漂亮的窗花贴在家里，让你的家变得更美哟！

四、自我评价

"剪窗花"这个生活技能，我的熟练程度是（在□里打√）：

非常熟练□　　　比较熟练□　　　基本会□

不太会□　　　完全不会□

25 粘小挂钩

一、技能简介

小挂钩是家居收纳的好帮手。它可以帮助我们收纳毛巾、钥匙、扫把、雨伞等小物品，方便我们寻找取用。

二、步骤与方法

1. 用毛巾擦干净墙面，确保墙面洁净干燥。

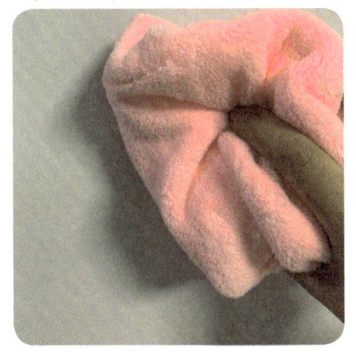

2. 轻轻撕开粘胶保护膜，不要接触胶面。

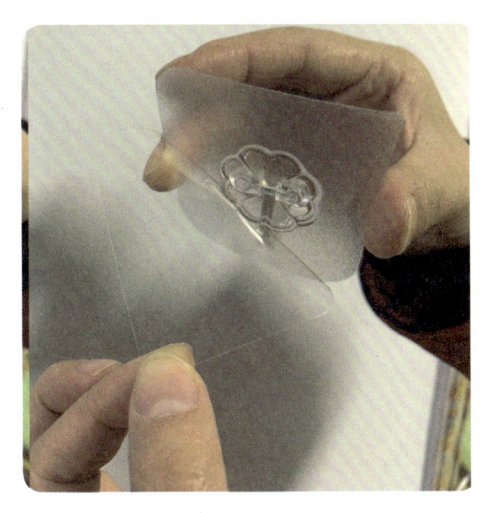

3. 贴在干净的墙面并用力按压，排出里面的空气。

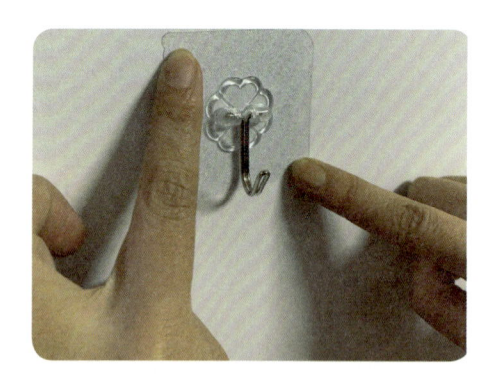

4.挂钩固定好后，用手向下拉挂钩，慢慢增加力量，检验挂钩的可靠性。

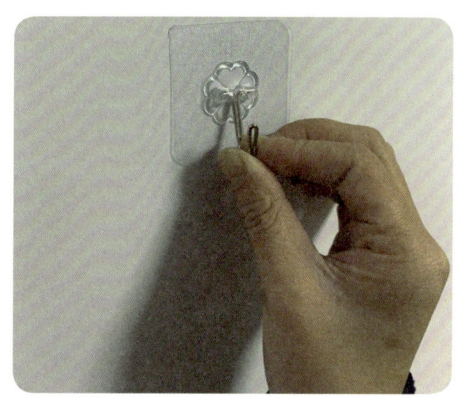

三、温馨提示

1. 挂钩粘贴好后放置 12 小时再使用，会更牢固。
2. 不要在小挂钩上挂锋利的物品，尽量挂质量较轻的物品。

看一看家里什么地方需要粘小挂钩，赶快自己动手粘一个吧！

四、自我评价

"粘小挂钩"这个生活技能，我的熟练程度是（在□里打√）：

非常熟练□　　　　比较熟练□　　　　基本会□

不太会□　　　　完全不会□

26 制作创意杯垫

一、技能简介

我们可以将瓶盖、麻绳等物品变废为宝，制作成创意杯垫，既让我们的动手能力得到锻炼，也有利于培养勤俭节约的美德。

二、步骤与方法

1. 收集塑料瓶盖、旧麻绳等废旧物品。

2. 准备热熔胶枪、剪刀等工具。

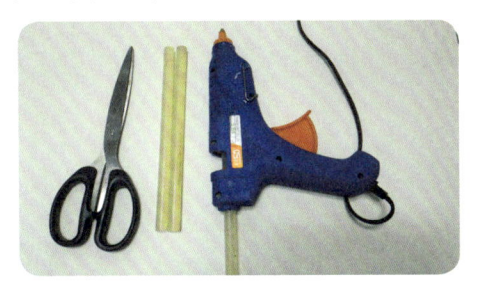

3. 用热熔胶枪等工具粘贴瓶盖、麻绳。

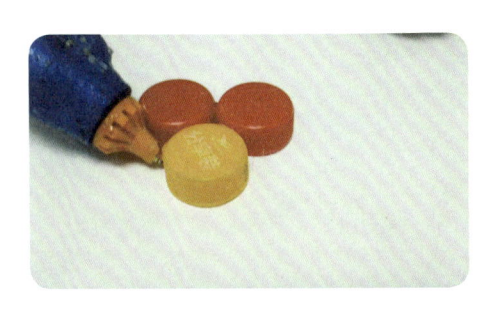

4. 将瓶盖和麻绳制作成创意杯垫。

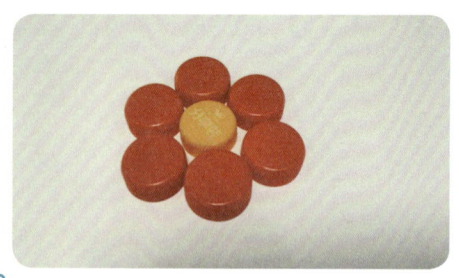

三、温馨提示

1. 使用热熔胶枪时要注意用电安全，并防止烫伤自己或他人。
2. 生活中许多废旧物品都可以加以利用，制作出各种富有创意的物品。

创意杯垫，创意无限，惊喜无限，不是吗？赶快自己动手试一试吧，也可以用其他合适的材料制作哟！

四、自我评价

"制作创意杯垫"这个生活技能，我的熟练程度是（在□里打√）：

非常熟练□　　　比较熟练□　　　基本会□

不太会□　　　完全不会□

27 布置美化房间

一、技能简介

房间是我们生活和学习的小天地，进行合理的安排与布置，可以使我们在其中生活快乐，身体和心灵都得到发展。因此，布置时既要考虑到实用和安全，又要考虑到合理和美化。

二、步骤与方法

1. 打扫和清洁房间。用抹布依次抹去门窗、橱柜、桌椅等的灰尘，打扫地面后，用拖帕拖净地板。

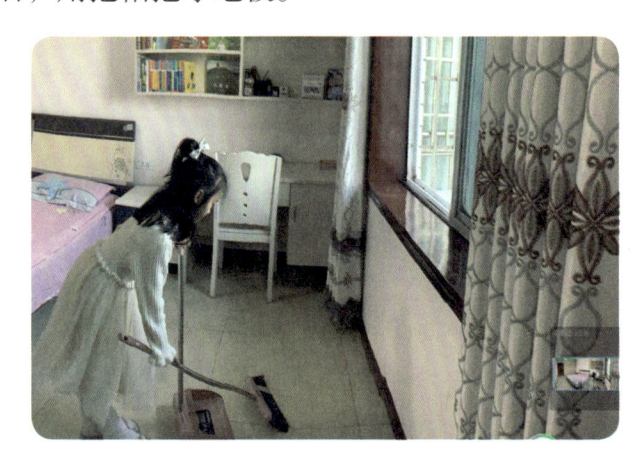

2. 整理床铺、衣柜、书架或书桌等物品，摆放整齐。

3. 选用一些植物、画或装饰品等美化房间。

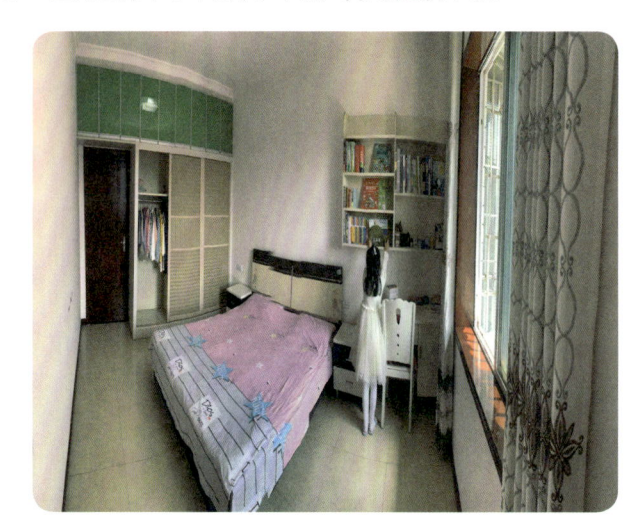

三、温馨提示

1. 完成高危处清洁和美化房间可和父母一起完成。
2. 清洁家用电器时，一定要先关闭电源！

布置美化房间，让自己的家更美丽！利用课余时间，和家人一同把房间布置得美美的！

四、自我评价

"布置美化房间"这个生活技能，我的熟练程度是（在□里打√）：

非常熟练□　　　　比较熟练□　　　　基本会□

不太会□　　　　完全不会□

28 收发快递

一、技能简介

快递又称速递或快运，是指物流企业将用户委托的文件或包裹，快捷而安全地从发件人处送达收件人处的新型运输方式。

二、步骤与方法

（一）收快递

1. 短信收到取件码。
2. 到达取件柜输入取件码。
3. 取件并关门。

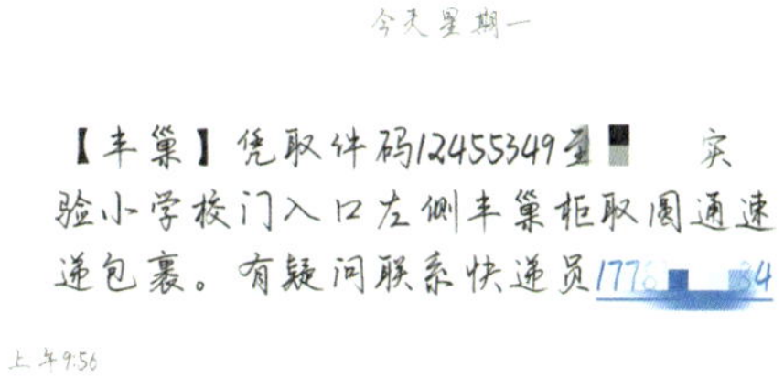

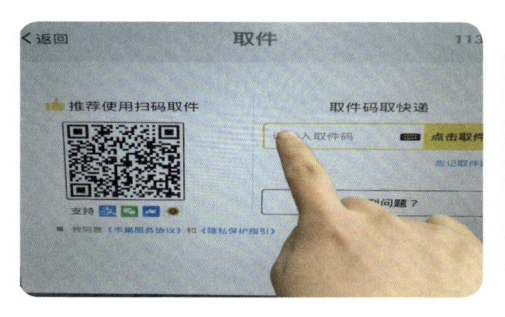

【丰巢】凭取件码12455349到实验小学校门入口左侧丰巢柜取回通速递包裹。有疑问联系快递员177████4

（二）发快递

填写寄件人：地址

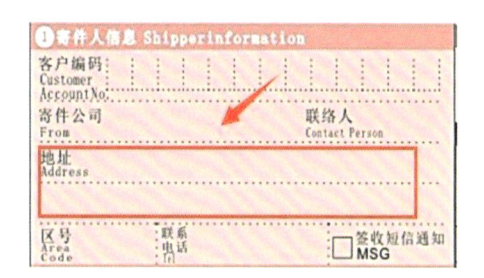

填写寄件人信息：联络人，如实填写。

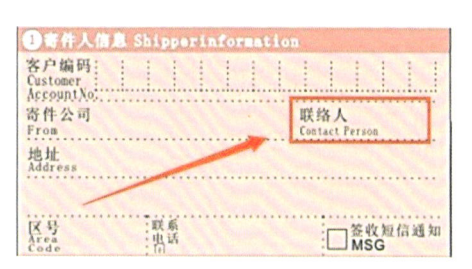

填写寄件人信息：联系电话，如实填写，如果快递出现问题还能联系上你。

参照以上步骤填写收件人信息，信息一定要准确，一面找不到收件人。

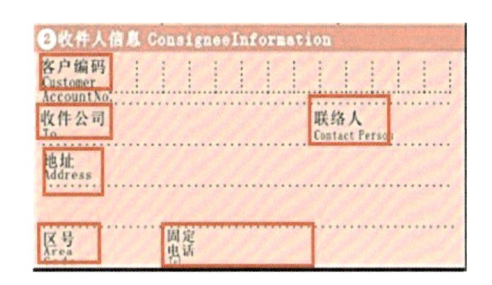

三、温馨提示

一人在家时，请不要轻易给陌生人开门。当快递员上门，应及时与父母取得联系，确认快递员身份。

学会收发快递的技能，在日常生活中很有必要。和父母约定，下一次收发快递的任务，就由你来完成啰！

四、自我评价

"收发快递"这个生活技能，我的熟练程度是(在□里打√)：

非常熟练□　　　　比较熟练□　　　　基本会□

不太会□　　　　完全不会□

29 更换遥控器电池

一、技能简介

家用的空调、电视遥控器等，使我们不用接触设备，就能控制设备，使我们的生活及工作更加便捷，而只有及时更换电池，遥控器才能正常使用。

二、步骤与方法

（一）打开电池盖

1. 按图推开电池盖（捏住滑盖左右两端往下拉）。
2. 如果电池盖有螺丝固定，请观察后使用匹配的螺丝刀打开电池盖（十字螺丝刀、一字螺丝刀……）。

（二）取出旧电池，观察电池型号

普通电池一般有五号电池、七号电池，还有纽扣电池。

（三）更换新电池

1. 更换普通电池。

（1）观察电池的正负极标识，"+"表示正极，"-"表示负极。没有标识时，只需记住有凸起的地方对应正极，有弹簧的地方对应负极。

（2）将电池的平头（负极）对着弹簧推入装进去就可以了。

2. 更换纽扣电池。

纽扣电池有正极和负极。电池与底座极性需要同极对应。电池有"+"标记的为正极，背面是负极。电池座上同样有标示。"+"标记的为正极，"–"标记的是负极，如金属弹片上有"+"字样，将有"+"极字样的一面朝上装入底座。

（四）盖好电池盖

盖上电池盖，有螺丝钉的要拧紧。

三、温馨提示

1. 提前确定电池型号，准备好与遥控器匹配的电池，购买电池时注意选购无汞的电池，拒绝"三无"电池。

2. 换下的电池不乱扔，可用塑料袋收集起来，投放至"有害垃圾"垃圾桶或者废旧电池回收机构、环保协会等地。

赶紧看一看，家里遥控器电池是否需要更换了？找到它，和家人一同换一换吧。

四、自我评价

"更换遥控器电池"这项生活技能，我的熟练程度是（在□里打√）：

非常熟练□   比较熟练□   基本会□

不太会□   完全不会□

30 搭配衣服

一、技能简介

我们每天出门都会想想今天自己穿什么衣服？小学生在选择搭配服装时，首先要干净整洁，以舒适的衣服为主，服装搭配合理会让整个人看起来更精神，更自信。

二、步骤与方法

1. 选择自己要穿的外套，如果外套比较花，颜色也很鲜艳，里面的内搭就选择浅色的衣服，尽量是一片色。

2. 选择下装时，颜色也要协调，可选择白色、灰色、黑色这三个非彩色系统色。灰色是万能色，可以和任何色彩搭配哟。

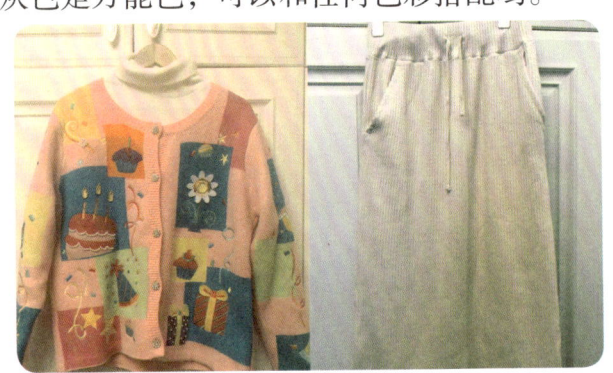

3. 关于鞋子，可选择运动鞋，舒适，还方便运动。

三、温馨提示

男生在搭配服装时要选择干净舒适、宽松的衣服，一定要方便运动。自己动手搭配一套喜欢的衣服，让爸爸妈妈欣赏一下吧！

四、自我评价

"搭配衣服"这个生活技能，我的熟练程度是（在□里打√）：

非常熟练□　　　比较熟练□　　　基本会□

不太会□　　　完全不会□

31 系鞋带

一、技能简介

系鞋带是为了让我们的鞋子穿着更舒服，方便我们行走或者运动，还可以让我们的鞋子更加美观。

二、步骤与方法

1. 将鞋带穿过第一排鞋带孔，拉直并对齐两端。

2. 交叉鞋带，接着穿第二排鞋带孔。

3. 重复第二步操作依次穿孔交叉，将剩余的鞋带孔穿好。

4.调整鞋带的松紧度，用鞋带两端打结。

5.做出两只"兔耳朵"交叉重叠，左手抓右边"兔耳朵"，右手抓左边"兔耳朵"，两手一拉即可。

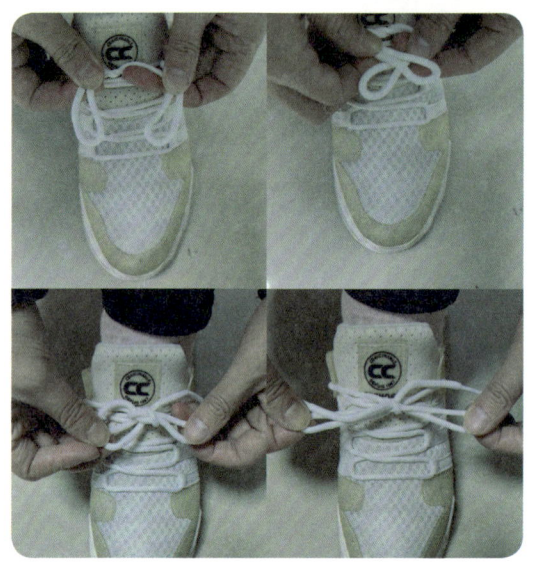

三、温馨提示

1.注意将鞋带两端分布均匀，避免一端长，一端短。

2.鞋带一定要系结实，不然踩住鞋带容易摔跤。

你会自己系鞋带了吗？赶快自己动手试一试吧，也可以帮同学系一系鞋带哟！

四、自我评价

"系鞋带"这个生活技能，我的熟练程度是（在□里打√）：

非常熟练□　　　　比较熟练□　　　　基本会□

不太会□　　　　完全不会□

32 扎头发

一、技能简介

扎头发是指将凌乱的头发用梳子梳理整齐，然后用橡皮筋扎起来，达到美观清新的效果。扎头发有不同的扎法：斜扎、高扎、低扎、休闲式扎法、工作式扎法、宴会式扎法等。

二、步骤与方法

1. 先将头发梳顺，然后双手将头发捋成一束。

2. 左手握住头发，右手用梳子将头发梳直。

3. 左手握住头发，右手拿左手手腕上的头绳将头发套在头绳里面。

4.右手拧转头绳后再将头发套在头绳里面，重复这个动作直至能扎紧头发为止。

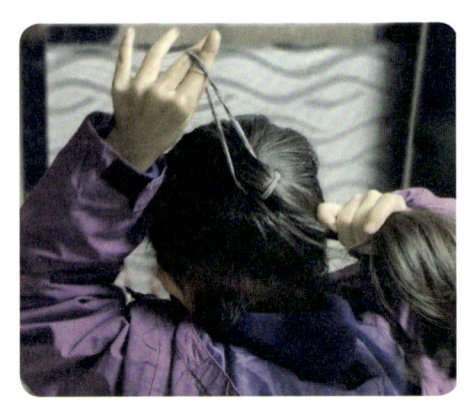

5.双手拉头发，调整松紧度。

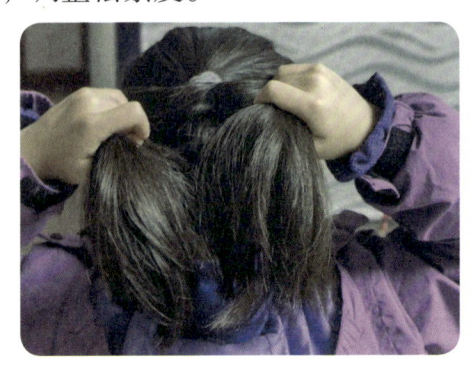

三、温馨提示

1.注意扎头发不要过紧，以免对头发造成伤害。

2.小学生尽量选择简单的头饰。

你会自己扎头发了吗？赶快自己动手试一试吧，也可以帮妹妹扎一个漂亮的马尾辫哟！

四、自我评价

"扎头发"这个生活技能，我的熟练程度是（在□里打√）：

非常熟练□　　　比较熟练□　　　基本会□

不太会□　　　完全不会□

33 剪指甲

一、技能简介

过长的指甲内部容易藏有大量的细菌，引起感染或者其他健康问题，勤剪指甲能防止指甲过长，保持手指的清洁卫生，减少细菌，有益健康。

二、步骤与方法

1. 清洁：剪指甲之前先清洗双手，擦干。

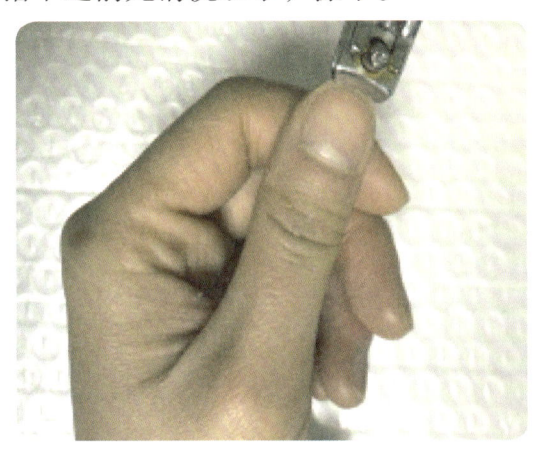

2. 开剪：先剪中间，再修两边。剪的时候从中间开始，剪一条直线，边缘大约与指尖平齐，然后将边角稍做修剪。

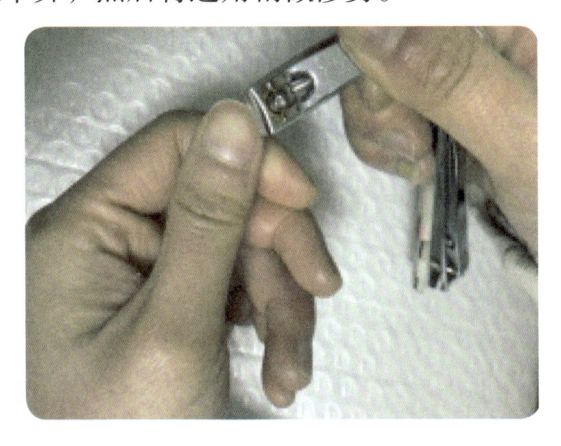

3.修整：指甲剪完之后，如果边角太锐利，需要用指甲锉打磨光滑。

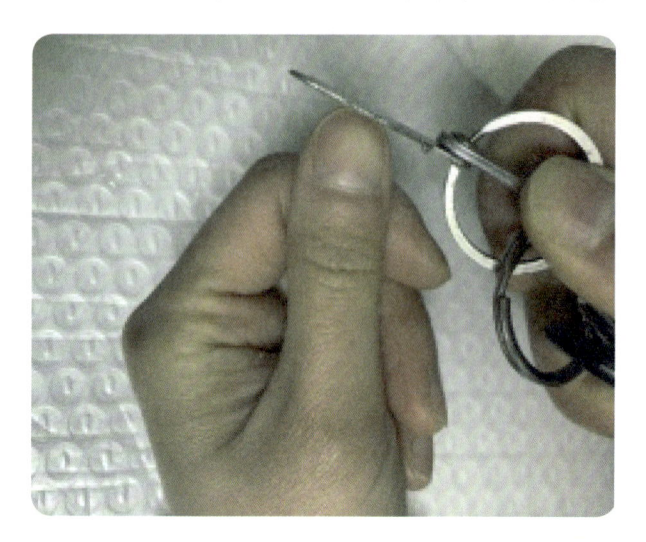

三、温馨提示

1.指甲不宜修剪得过短，过度修剪，指甲会向甲沟里生长，导致甲沟炎，引起红肿、疼痛，甚至感染、化脓。

2.如果指甲边有倒刺的话，不要直接用手拔除，这样会伤害到指甲周边的皮肤组织，需要用指甲刀将倒刺从根部一起剪掉。

看一看，你的指甲是否需要修剪？自己动手试一试吧，以后自己的指甲自己剪，还可以帮爸爸妈妈剪指甲哟！

四、自我评价

"剪指甲"这个生活技能，我的熟练程度是（在□里打√）：

非常熟练□　　　　比较熟练□　　　　基本会□

不太会□　　　　完全不会□

34 组装四驱车

一、技能简介

四驱车，简单的说就是有前后差速联动四轮驱动车。组装四驱车模是一项有益于身心健康的科学与竞技相结合的运动项目，可以让你的动手操作能力更强哦！

二、步骤与方法

1. 用螺丝刀按说明书依次组装好车身上的小零件。

2. 安装上5号电池和马达。

3. 安装上轮胎圈，注意前后轮胎大小不一样。

4. 组装上车身盖。

三、温馨提示

1. 组装之前一定看清楚说明书，使用螺丝刀的时候要注意安全！
2. 注意分清电池的正负极。

赶紧拿出工具，和小伙伴一起组装一辆属于自己的四驱车吧！

四、自我评价

"组装四驱"车这个生活技能，我的熟练程度是（在□里打√）：

非常熟练□　　　比较熟练□　　　基本会□

不太会□　　　完全不会□

35 关闭水电气阀门

一、技能简介

一般家中无人时，都应该关闭水电气阀门。这么做的原因：一是防止意外事故的产生，二是防止产生过量的电费水费。

二、步骤与方法

（一）认识水电气阀门，确定水电气阀门位置

1. 气阀。

（1）天然气阀门位于天然气表上，天然气表一般位于生活阳台处。

（2）煤气阀门位于煤气罐顶部。

2. 水阀：一般位于厨房洗碗池下面。

3. 电阀：一般位于进门处，大门上方。

（二）关闭水电气阀门

1. 可按照手柄上的开关指示进行关闭。

2. 如无开关指示，圆形手柄，一般情况是"逆时针为开，顺时针为关"。

3. 一字手柄，一般情况是"顺"管道为开，"横"为关。

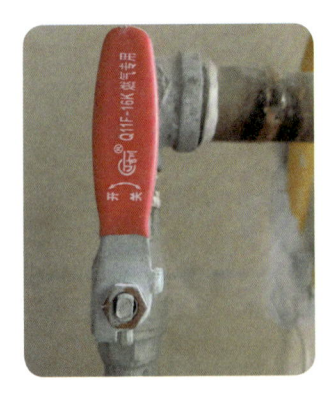

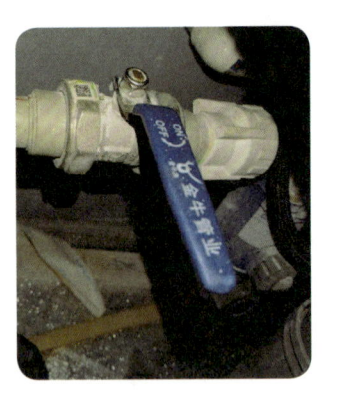

4. 电阀开关：俗称"空开"，向上为开，向下为关。

三、温馨提示

要在有大人陪同的情况下去关闭阀门，不要独自操作。

家里水电气出现问题，维修前，需要关闭水电气阀门。这个技能学会了，很有用哦！现在动手，和家人一起试试吧。

四、自我评价

"关闭水电气阀门"这项生活技能，我的熟练程度是（在□里打√）：

非常熟练□   比较熟练□   基本会□

不太会□   完全不会□

36 鉴别食品质量

一、技能简介

生活中，人们天天都要与食品打交道，学会鉴别食品的质量，对自己的身体健康是一道不可或缺的有力保障。

二、步骤与方法

1. 用感官初步鉴别。是否有腐败变质、油脂酸败、霉变、生虫、污秽不洁、混有异物或者其他性状异常。

2. 挑选食品时看包装。观察包装物有没有破损，日期条码印制是否规范，是否有改动迹象。

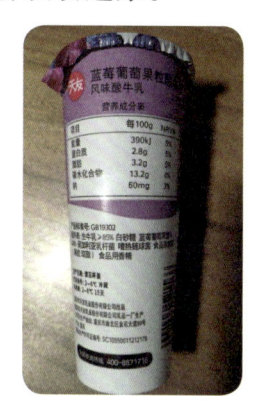

3. 注意看说明和标签。

（1）要看清食品的生产日期、保质期以及贮存条件，确保购买的食品在保质期内。

（2）看清食品标签中标注的配料或成分和含量。

4. 实验对比法。

（1）水泡法：鉴别鸡蛋时，我们可以找来一个容器，倒入适量的冷水，把需要鉴别的鸡蛋放入水中，如果鸡蛋沉入水底，并且是横着的状态，说明鸡蛋是新鲜的。如果鸡蛋漂浮或是竖立在水中，说明鸡蛋已经变质了。

（2）燃烧法：鉴别新米时，我们要准备一个镊子，用镊子夹住一粒大米，然后用打火机烧一下大米。等大米被烧焦冒烟之后，我们就可以闻一下味道，如果是新米，被烧焦之后的味道还是大米的清香味。如果闻到有异味或者霉味的话，说明这种米极有可能是陈米了。

三、温馨提示

在生活中，我们还可以找到更多的方法来鉴别食品的质量。

你是不是已经学会鉴别食品质量了？赶快告诉你的小伙伴吧！

四、自我评价

"鉴别食品质量"这个生活技能，我的熟练程度是（在□里打√）：

非常熟练□　　　比较熟练□　　　基本会□

不太会□　　　完全不会□

37 认识不能吃的食物

一、技能简介

为了使食物的营养更丰富更均衡，我们往往要搭配丰富的食物，使原本营养单一的食物相互调节，提升膳食营养。可是，有些食物却是不能食用的，严重的甚至会危害我们的健康！因此，在生活中知晓哪些食物不能吃很重要。

二、步骤与方法

1. 发芽的土豆：容易引起急性脑水肿和恶心、呕吐、腹泻等。
当土豆发芽时，发芽处的龙葵素含量就会上升，引起中毒。

2. 发霉后的花生：容易致癌。
花生发霉后产生的黄曲霉毒素是极强的致癌物质。

3. 未煮熟的四季豆：容易引起恶心、呕吐、腹泻等。

未煮熟的四季豆含有大量的红细胞凝集素和一类特异皂苷，这两种生物毒素分别具有红细胞凝集和溶血的作用，进入人体后发挥生物作用而致病。

4. 未熟的金针菇：容易导致口渴、发热、腹泻、腹痛甚至是肾衰竭或呼吸衰竭。

未熟的金针菇中所含有的秋水仙碱没有完全得到破坏，如果食用过量，就会导致人体中毒。

三、温馨提示

还有哪些食物不能吃，我们要注意分辨哦！如果误食引起身体不适，不要乱吃药，应立即到医院就医。

你是不是已经了解到不能吃的食物了？一定要记住哦！

四、自我评价

"认识不能吃的食物"这个生活技能，我的熟练程度是（在□里打√）：

非常熟练□　　　比较熟练□　　　基本会□

不太会□　　　完全不会□

38 合理搭配食物

一、技能简介

合理安排饮食,有益身体健康,是每个人一生都应该奉行的饮食宗旨。我们学会合理搭配食物能更好地呵护、照料自己的身体。

二、步骤与方法

1.适当增加素食比例有益身体健康。素食富有维生素,可调节代谢功能,加强皮肤营养;蔬菜中含有大量膳食纤维,可增加肠道蠕动,清扫肠道角落,让身体更加舒畅。

2.切忌单一或过多摄入动物性食物。肉类食物热量高、纤维素含量少,不利于肠道蠕动,会产生口臭、饱胀、呕吐等病症。每次50~100克为佳。

3. 荤素搭配，方能营养全面。
4. 人类饮食的荤素黄金比例。

中国居民平衡膳食宝塔（2016）

盐	<6克
油	25~30克
奶及奶制品	300克
大豆及坚果类	25~35克
畜禽肉	40~75克
水产品	40~75克
蛋类	40~50克
蔬菜类	300~500克
水果类	200~350克
谷薯类	250~400克
全谷物和杂豆	50~150克
薯类	50~100克
水	1500~1700毫升

每天活动6000步

三、温馨提示

合理搭配食物，安排饮食。合理的饮食习惯贵在坚持。你学会了均衡营养的方法吗？尝试拟订一天的健康食谱吧。

四、自我评价

"合理搭配食物"这个生活技能，我的熟练程度是（在□里打√）：

非常熟练□　　　比较熟练□　　　基本会□

不太会□　　　完全不会□

39 使用电饭煲煮米饭

一、技能简介

电饭煲，又称作电饭锅。除了煮饭，电饭煲还具有对食品进行蒸、煮、炖、煲、煨等多种功能，而且还高效省时。使用电饭煲已成为日常生活必备技能之一。

二、步骤与方法

1. 使用前，仔细阅读电饭煲使用说明书，特别留意说明书里的使用注意事项。

2. 根据吃饭的人数，打适量的米，放入电饭煲内胆中。一般2人可打一量杯米，3～4人可打两量杯米。

3. 在米中加入清水，用水淘两三次米，把大米清洗干净。

4. 清洗干净后，加入适量的水。电饭煲内胆内侧有两排刻度，一边是CUP（杯），一边是L（升）。CUP的刻度是用量杯放米的杯数，L的刻度是加水的水位线。打了多少量杯的米，就将水放到相应的水位线上。比如：1量杯米，加水到0.2的刻度；3量杯米，加水到0.6的刻度，以此类推。要煮正常软硬的米饭，加入的水没过一个手背即可。

5. 将内胆放入电饭煲内，关好电饭煲盖，插上电源开关，选择电饭煲上的"超快煮"。

6. 使用完毕后，切断电源，打开电饭煲盖，香喷喷的米饭做好了。

三、温馨提示

1. 使用电饭煲前应将内胆清洗干净，并将外壁的水擦干。

2. 取出食物之前应先将电源插头拔下，以确保安全。

你是不是已经学会用电饭煲煮米饭了？赶快自己动手试一试吧，为家人煮一锅美味的米饭吧！

四、自我评价

"使用电饭煲煮米饭"这个生活技能，我的熟练程度是（在□里打√）：

非常熟练□　　　　比较熟练□　　　　基本会□

不太会□　　　　完全不会□

40 使用微波炉

一、技能简介

微波炉，是一种用微波加热食品的烹调工具。在日常烹饪中，人们主要用微波炉来加热食物。如今，微波炉的功能更加丰富，人们还用微波炉来解冻食物、做糕点、给食具消毒等。

二、步骤与方法

1. 使用前，仔细阅读微波炉使用说明书，特别留意说明书里的使用注意事项。

2. 准备好需要加热的食物（液体需装在器皿内），再放入微波炉内。

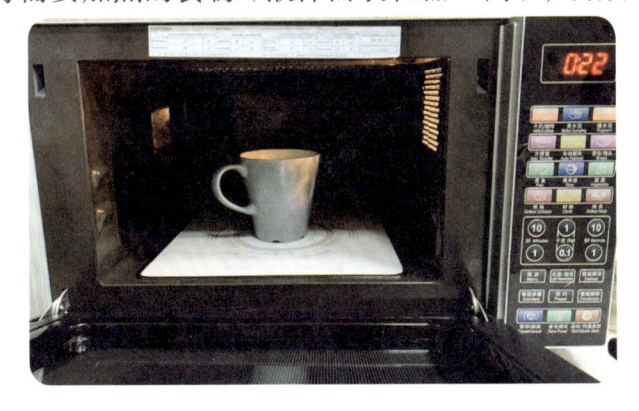

3. 关好微波炉炉门，插上电源开关，按键盘上"分"的按钮，按一次时间为 1 分钟，每增按一次，增加 1 分钟。选择好需要加热的时间后，再按"启动/快速启动"键。

4. 在使用过程中，如需暂停，选择"暂停/取消"键。

5. 使用完毕后，切断电源，打开微波炉炉门，戴上隔热手套拿出食物或食具。

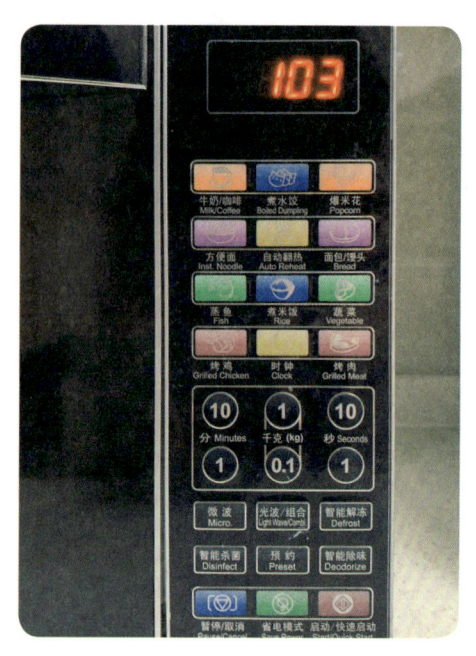

三、温馨提示

1. 使用微波炉时，等到运转时间停止（或取消时间）后再打开微波炉炉门，工作状态下不能打开微波炉炉门。

2. 使用微波炉加热食物，需使用微波炉专用饭盒。不要将饭盒袋、塑料袋等放在微波炉上面的散热口，以防止引起微波炉着火。

你是不是已经学会用微波炉加热食物了？赶快自己动手试一试吧！

四、自我评价

"使用微波炉"这个生活技能，我的熟练程度是（在□里打√）：

非常熟练□　　　　比较熟练□　　　　基本会□

不太会□　　　　完全不会□

41 使用燃气灶和抽油烟机

一、技能简介

随着生活水平的提高,燃气灶和抽油烟机已经进入千家万户,是现代厨房不可缺少的工具。正确使用这些厨房设备是我们的必备技能哟!

二、步骤与方法

(一)使用燃气灶

1. 首先我们先在燃气灶的下方找到电池的安装口,打开电池盒盖,装上适合的电池,通常是1号电池。

2. 打火时,轻轻往下按住旋钮,再按逆时针方向旋转,听到"哒哒哒"的声音时放开旋钮,燃气灶就打着火了。

3. 关火时,按顺时针方向旋转旋钮到底,燃气灶就熄火了。

（二）使用抽油烟机

1. 炒菜使用抽油烟机时，建议在下油锅前 5 分钟就打开抽油烟机。炒完菜之后也不要立即关闭抽油烟机，离开厨房一段时间后，待厨房油烟味散去时再关闭抽油烟机，即早开晚关。

2. 在每天使用的情况下，应每半个月或 1 个月将过滤网清洗一次，否则会影响滤油效果。储油盒也要定期清洁。

三、温馨提示

1. 抽油烟机开机之前应把窗户关闭，厨房门留一条缝（4 厘米左右），使用时不能忽视补充新鲜空气。

2. 除了在炒菜时开抽油烟机，在烧开水、煮饭时也应开。因为抽油烟机的功能不仅仅是抽走烹饪油烟，还能消除燃气污染。特别是液化石油气，含有多种强致癌物质，比烹饪油烟更有害健康。

你是不是已经学会使用燃气灶和抽油烟机了？下次做饭时赶快动手试一试吧！

四、自我评价

"使用燃气灶和抽油烟机"这个生活技能，我的熟练程度是（在□里打√）：

非常熟练□　　　　比较熟练□　　　　基本会□

不太会□　　　　完全不会□

42 调佐料

一、技能简介

中国各大菜系味道鲜美，独具一格，关键在于佐料的调配。如果我们能在生活中掌握一些调配佐料的方法，一定可以让食物更加美味。糖醋味酸甜适中，用于凉拌、配菜佐料，非常适合儿童的口味。

二、步骤与方法

1. 准备材料。

葱、姜、白糖、盐、醋、料酒、酱油、香油、花生油、淀粉。

2. 切葱花和姜末。

3. 将白糖、醋、酱油、料酒、姜末、葱花和盐倒入味碟中搅拌。

4. 加淀粉搅拌均匀。

5. 把锅烧干，倒入花生油。

6. 待油热后，倒入调和的汁水煮开，完成。

三、温馨提示

1. 炒花生油时注意防油溅。
2. 使用菜刀过程中请注意安全。

你是不是已经掌握了调糖醋味佐料的技能了？赶快自己动手试一试吧。

四、自我评价

"调佐料"这个生活技能，我的熟练程度是（在□里打√）：

非常熟练□　　　比较熟练□　　　基本会□

不太会□　　　完全不会□

43 炒土豆丝

一、技能简介

土豆含有人体所需要的钾元素，可以有效预防高血压等疾病。炒土豆丝是一种老少皆宜的大众菜。

二、步骤与方法

1. 准备材料。

土豆、油、葱、食盐适量。

2. 将洗净的土豆削皮先切片再切丝。

3. 浸泡在清水中将土豆丝几分钟后，用沥水篮沥出。

4. 炒锅用大火烧干，倒入适量食用油。

5. 待油热后，加入土豆丝快速翻炒。

6. 快起锅时，再放入葱花和食用盐，放入鸡精调味，盛盘。

🔔 三、温馨提示

1. 烹饪时要注意火候及用火安全。

2. 土豆切丝浸泡在清水里，可以防止变黑和去除多余淀粉，这样炒出来的土豆丝会更脆爽。

3. 注意使用刀具的安全，以免伤到手指。

你是不是已经掌握了炒土豆丝的技能了？为家人炒一盘美味的土豆丝吧！

🏅 四、自我评价

"炒土豆丝"这个生活技能，我的熟练程度是（在□里打√）：

非常熟练□　　　　比较熟练□　　　　基本会□

不太会□　　　　完全不会□

44 煮重庆小面

一、技能简介

重庆小面是重庆特色美食之一，因其独特的麻辣鲜香口味而闻名。作为重庆人，学会做一碗正宗的重庆小面不仅能满足自己的味蕾，还可以让其他人感受独特的重庆风味！

二、步骤与方法

1. 准备食材

挂面200克，辣椒油、香油、食盐、食用油或猪油适量，酱油、葱花、姜蒜末、熟黄豆、花生碎或芽菜碎。

2. 烧水，待水完全沸腾后，可下挂面，一般煮4~5分钟，即可关火。

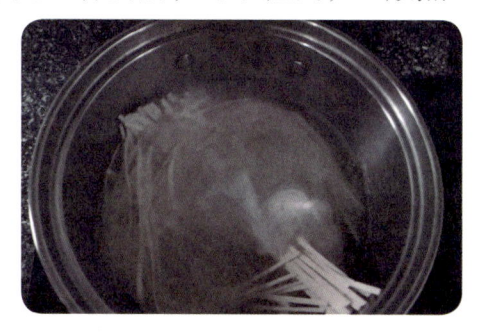

3. 根据自己的口味，调制佐料。

4. 把煮好的挂面盛入调制的佐料碗里搅拌后，即可食用。

三、温馨提示

1. 面条下锅时，可用筷子将其按照一个方向轻轻搅动，避免面条因为受热不均而粘在一起。

2. 用完灶具后及时关火。

你是不是已经掌握了煮一碗重庆小面的技能了？赶快给你的父母展示一下厨艺，做一碗重庆小面吧！

四、自我评价

"煮重庆小面"这个生活技能，我的熟练程度是（在□里打√）：

非常熟练□　　　　比较熟练□　　　　基本会□

不太会□　　　　完全不会□

45 包饺子

一、技能简介

饺子原名"娇耳",一直以来,深受人们喜爱。在冬至,人们常用包饺子来寓意团团圆圆。学会包饺子也是传承中国传统文化的一项技能哟!

二、步骤与方法

1. 准备食材

饺子皮 500 克、肉馅 200 克、一个鸡蛋、料酒 15 克、食盐 10 克、酱油 10 克、鸡精 15 克、姜末 15 克。

2. 将料酒、食盐、酱油、鸡精、姜末等放入肉馅中,然后搅拌。

3.将搅拌后的肉馅放入饺子皮中,之后将两边对折,沿着边缘捏紧,使其成为半圆形。

4.左手捏住左边的末端,右手将饺子皮从边缘处,向左折叠,最终折叠至最左端即可。

三、温馨提示

1. 包饺子前,洗净双手。
2. 饺子馅约占饺子三分之二。

你是不是已经掌握了包饺子的技能了?赶紧和自己父母或者朋友一起来包饺子吧!看看谁包的饺子最漂亮!

四、自我评价

"包饺子"这个生活技能,我的熟练程度是(在□里打√):

非常熟练□　　　　比较熟练□　　　　　基本会□

不太会□　　　　完全不会□

46 煮荷包蛋

一、技能简介

荷包蛋具有较高的营养价值，其本身含有丰富的蛋白质、维生素、脂肪和矿物质等。学会煮荷包蛋并长期食用，不仅能提高记忆力、修复肝脏组织和防癌等，还可以让自己和家人享受美味。

二、步骤与方法

1. 准备食材。
2. 在锅中加入清水，水完全沸腾后，再将火调小，让锅中的沸水慢慢平静。
3. 将鸡蛋倒入，用小火煮 3 分钟左右。 
4. 鸡蛋凝固后，用大火煮 6 分钟左右。

三、温馨提示

1. 倒入鸡蛋时，应将火调小，避免烫伤。
2. 使用完灶具后，及时关火。

你是不是已经掌握了煮荷包蛋的技能了？赶紧动手试一试，给父母煮上一碗热腾腾的荷包蛋吧！

四、自我评价

"煮荷包蛋"这个生活技能，我的熟练程度是（在□里打√）：

非常熟练□　　　　比较熟练□　　　　基本会□

不太会□　　　　　完全不会□

47 蒸鸡蛋

一、技能简介

蒸鸡蛋是我国的一种家常菜肴，也是很多家庭早餐的必备品。蒸鸡蛋鲜嫩滑爽，营养成分高。学会蒸鸡蛋，能让自己享受到美味佳肴；常吃蒸鸡蛋，能补充蛋白质、微量元素等，增强身体免疫力。

二、步骤与方法

1. 准备食材

鸡蛋 2 个、盐 1/4 勺、香葱少许、香油少许、生抽适量。

2. 鸡蛋打入碗中，用筷子或者打蛋器打散备用。
3. 在碗中注入温水搅匀，加入盐调味。

4. 将混合好的蛋液用漏网过筛两至三遍，放入蒸锅，大火加热。当蒸锅中的水沸腾后，转为小火蒸 10 分钟，关火，焖几分钟。

5. 取出，淋上生抽和香油，撒上香葱。

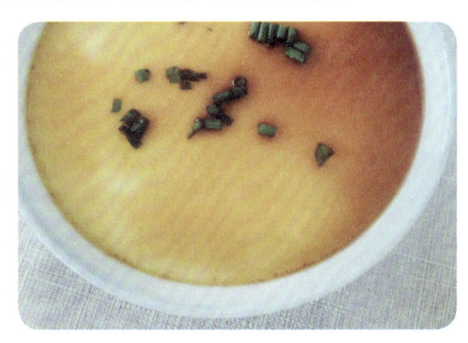

三、温馨提示

1. 使用燃气灶蒸鸡蛋时，注意用火安全，使用后立刻关闭燃气灶。

2. 蒸好鸡蛋的碗很烫，不要立刻用双手取出。取出时，可用专门的隔热手套，以防烫伤。

你是不是已经学会蒸鸡蛋了？为家人做一道美味的蒸鸡蛋吧！

四、自我评价

"蒸鸡蛋"这个生活技能，我的熟练程度是（在□里打√）：

非常熟练□　　　　比较熟练□　　　　基本会□

不太会□　　　　完全不会□

48 凉拌黄瓜

一、技能简介

凉拌黄瓜是以黄瓜为主要食材的清爽家常凉拌菜，口感香脆爽口，操作简单，具有美容养颜功效，营养价值丰富。学做这一道家常菜，也是我们必备的生活技能之一。

二、步骤与方法

1. 准备食材。

黄瓜1根、独蒜2个、生抽1勺、糖1克、醋2勺、麻油1勺。

2. 把黄瓜洗净，用刀背将黄瓜拍裂开。

3. 将黄瓜切成小块，放在碗内，倒入适量的盐搅拌均匀，腌制10分钟左右，去除多余的水分。

4. 将蒜切碎放在小碗内备用。

5. 用生抽、醋、糖、麻油和蒜调成料汁。

6. 将料汁倒在黄瓜上搅拌均匀后，装盘即可。

三、温馨提示

1. 切黄瓜时要注意安全使用刀具，手紧紧握住刀柄，食指和大拇指中间的虎口位置把住刀柄，不要误伤自己。使用后，将刀具摆放回安全的位置，不宜放在操作台边沿及过高处。

2. 凉拌菜应现做现吃，不要做好后长时间放置，这样容易造成维生素流失。

你是不是已经学会凉拌黄瓜了？当妈妈做饭菜的时候，帮她增加一道开胃菜肴吧！

四、自我评价

"凉拌黄瓜"这个生活技能，我的熟练程度是（在□里打√）：

非常熟练□　　　　比较熟练□　　　　基本会□

不太会□　　　　完全不会□

49 烹饪西红柿炒鸡蛋

一、技能简介

西红柿炒鸡蛋是一道很受欢迎的菜肴，它不仅酸甜可口，还富含营养。烹饪这道菜的方式比较简单，很多人将它作为打开厨艺大门的第一道菜，一起来学学吧。

二、步骤与方法

1. 准备食材。

鸡蛋、西红柿、菜籽油、葱花、食盐1克、白糖2克。

2. 将鸡蛋和适量食盐倒入碗中，加入少许葱花和清水搅拌均匀。切好小块西红柿备用。

3. 炒锅烧热后，倒入适量的菜籽油，再倒入调好的鸡蛋液。

4. 不要翻动，待蛋液凝固焦黄后，翻面煎制后盛起。

5. 锅中倒入适量的菜籽油，煸香葱花，放入西红柿大火翻炒，然后滴入少许清水，放 2 克白糖，再加 1 克食盐。

7. 最后倒入煎好的鸡蛋，大火炒匀即可。

三、温馨提示

1. 最好选择熟透的西红柿，水分足，口味甜。

2. 鸡蛋液加少许清水一起充分搅拌均匀，煎出来的鸡蛋饼才会松泡滑嫩。

你是不是已经掌握了烹饪西红柿炒鸡蛋的技能了？炒一份与家人一起分享吧！

四、自我评价

"烹饪西红柿炒鸡蛋"这个生活技能，我的熟练程度是(在□里打√)：

非常熟练□　　　　比较熟练□　　　　基本会□

不太会□　　　　完全不会□

50 烤面包

一、技能简介

面包是生活中常见的一种面食，自己烤面包既能锻炼动手能力，又能体会到劳动的乐趣，那么怎样用家用烤箱烤面包呢？

二、步骤与方法

1. 准备食材。

面包粉 150 克、牛奶 100 毫升、鸡蛋 1 个、白糖 15 克、酵母粉 1 克、食盐 1.5 克、黄油 10 克、色拉油 2 毫升。

2. 先用少量温水把酵母粉溶化，放入面包粉、鸡蛋、白糖、食盐、黄油拌匀，然后边加牛奶边和面，和成柔软的团。牛奶的量适当把握，以面的软硬程度合适为准。

3. 面团应和得稍软一些，揉到能拉出膜来为止。
4. 然后盖上保鲜膜发面，等待面团发酵。
5. 将发好的面团揉到表面光滑为止。

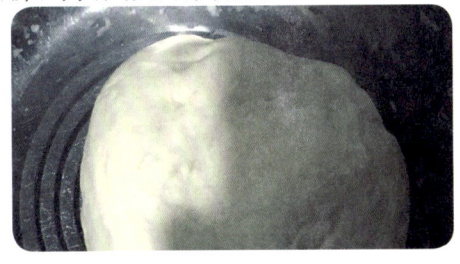

6. 将面团做成需要的形状，在烤盘里抹上色拉油。

7. 将电烤箱调至发酵档，再次发酵 15 分钟后，刷上一层蛋液。

8. 电烤箱上火 160℃，下火 180℃，预热 3 分钟，然后将面团放入烤箱，定时 15 分钟。

9. 烤 10 分钟后观察面包表面，如果颜色没变黄就适当调高上火的温度，并注意观察，直到烤出自己感到满意的颜色然后出炉。

三、温馨提示

电烤箱的温度可能存在差异，自己把握。

你是不是已经掌握了烤面包的技能了？赶快自己动手试一试吧，把你烤好的面包与家人一起分享哟！

四、自我评价

"烤面包"这个生活技能，我的熟练程度是（在□里打√）：

非常熟练□　　　　比较熟练□　　　　基本会□

不太会□　　　　完全不会□

51 蒸馒头

一、技能简介

馒头，是我国的传统食品，相传是三国蜀汉丞相诸葛亮所发明，发展到现在，成为中国人日常主食之一。

二、步骤与方法

1. 主要食材。

面粉、酵母粉、白糖、清水。

2. 和面。在面粉中倒入发酵粉、清水，揉成不沾手的一团。面粉、酵母粉、水比例为：100∶50∶1。

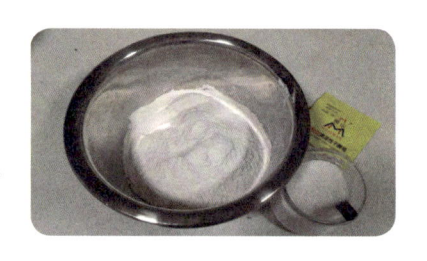

3. 醒面。把和好的面团放在容器里，盖上盖子，放置两个小时。

4. 揉面。把起了蜂窝状的面团揉成条状，切成合适的大小，静置10分钟。

5. 蒸面。再把静置后的面团放在蒸锅上，水开后蒸 15 分钟。

三、温馨提示

1. 注意不要被烫伤。
2. 结束后记得关火。

蒸馒头的过程很长，但是当你看到热腾腾的馒头时，会很有成就感哦！好了，准备一下，和家人一同，蒸一锅香喷喷的馒头吧！

四、自我评价

"蒸馒头"这个生活技能，我的熟练程度是（在□里打√）：

非常熟练□　　　比较熟练□　　　基本会□

不太会□　　　完全不会□

52 制作水果拼盘

一、技能简介

水果含有多种营养，美丽的水果拼盘既能补充多种营养元素，又可以激发人的食欲。

二、步骤与方法

1. 准备材料。各种水果、水果刀、盘子、沙拉酱。
2. 洗干净水果，根据水果的形状和颜色，构思造型，切成你喜欢的形状。

3. 发挥创意，把它们摆在盘子里，可以摆成你喜欢的造型。

4. 淋上沙拉酱。好吃、好看又营养的水果拼盘就做好啦！

三、温馨提示

1. 注意不要被割伤。

2. 充分发挥想象力，做出不同造型。

现在，通过学习，你已经知道怎样做水果拼盘了吧！利用放学、周末等时间，为家人做一次水果拼盘吧！

四、自我评价

"制作水果拼盘"这个生活技能，我的熟练程度是（在□里打√）：

非常熟练□　　　　比较熟练□　　　　基本会□

不太会□　　　　完全不会□

53 泡茶

一、技能简介

中国是茶的故乡，中国茶文化源远流长。茶不仅健身，而且养性。学会泡茶，在个人饮用、日常待客时，都能用上。

二、步骤与方法

1. 温杯。清洗干净茶杯，用开水烫茶杯。

2. 醒茶。将茶叶放入茶杯，倒入开水，水不用太多。然后倒掉开水。

3. 冲泡。举高茶壶，将开水倒入茶杯。

4. 饮茶。水温合适的时候，可以饮用了。

三、温馨提示

1. 注意不要被烫伤。

2. 可以在冲泡后等待过程中，观其色，闻其味，鉴其形。

3. 不同的茶有不同的水温要求，如绿茶、黄茶适宜 80～85℃；红茶、白茶适宜 85～90℃；青茶适宜 90～95℃。

泡茶是一门学问，你会慢慢发现其中乐趣的。在闲暇的时候，泡上一壶茶，和家人一同品尝吧！

四、自我评价

"泡茶"这个生活技能，我的熟练程度是（在□里打√）：

非常熟练□　　　　比较熟练□　　　　　基本会□

不太会□　　　　完全不会□

54 整理书包

一、技能简介

书包是我们每天学习离不开的好伙伴。定期整理书包，不仅可以帮助我们清理学习用品，还可以避免遗忘上学所必需的学习用具，更能培养我们自己的事情自己做的劳动习惯。

二、步骤与方法

1. 清理书包。从书包里取出所有的物品，放在桌子上。

2. 分类物品。按书本、学习用具、生活小用品分类，书本可按从大到小的顺序整理。

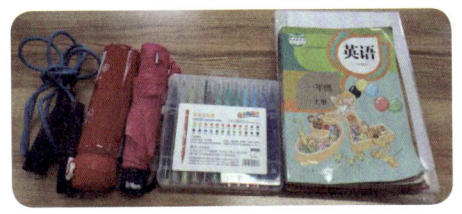

3. 放置物品。书本和学具可按照大小或种类分类。将分好类的书本、学习用具等依次重新装入书包的夹层，拉好书包拉链。

4. 放置生活用品。把水杯、雨伞等生活用具放在书包的侧包里。

三、温馨提示

1. 整理剪刀或者小刀时要注意安全。

2. 不要遗忘物品，书本、文具、水杯、雨伞都要装入书包里。

书包是我们的好朋友。爱护它，它也会好好感谢你的！赶快自己动手整理书包吧，你还可以用学到的方法整理抽屉哟！

四、自我评价

"整理书包"这个生活技能，我的熟练程度是（在□里打√）：

非常熟练□　　　　比较熟练□　　　　基本会□

不太会□　　　　完全不会□

55 整理课桌

一、技能简介

干净整洁的课桌，可以使我们提高学习的效率。如何让自己的课桌干净整洁呢？现在我们就一起来学习如何整理课桌。

二、步骤与方法

（一）清洁课桌

先将桌面以及抽屉里的东西暂时全部收至书包，取一张湿润的抹布，在桌面上滴少许洗洁精，将桌面和抽屉里的污渍擦干净，再用清洗后的抹布再次擦拭课桌，直至污渍全部清除。

（二）整理课桌

1. 先将当天需要用到的书本分类，然后按照书本的大小分别叠放整齐，最后可将水杯或者笔盒放在抽屉中间，饭盒挂在桌子旁边的挂钩上。

2. 拿出下节课需要的书本和文具放到桌子的左上角。

三、温馨提示

1. 水杯一定要盖紧后放在抽屉里，防止水漏出打湿书本。

2. 课桌一定要定期进行清洁，每天吃过午饭后可以用纸巾进行简单的擦拭。

整理课桌的技能你掌握了吗？这些方法不仅可以用在课桌的整理上，还可以用来整理书桌，整理茶几哦！

四、自我评价

"整理课桌"这个生活技能，我的熟练程度是（在□里打√）：

非常熟练□　　　　比较熟练□　　　　基本会□

不太会□　　　　完全不会□

56 包书皮

一、技能简介

新学期开始，我们拿着崭新的书本，爱不释手。为了更好地爱护好我们的书本，我们每个学生应该掌握包书皮的技能。

二、步骤与方法

（一）准备材料

1. 旧报纸、旧挂历、旧宣传画均可。

2. 尺子、剪刀、书本。

（二）压痕（或画线）

1. 将包书纸正面朝里，轻轻对折后展开，平铺在桌面上。

2. 将书放在包书纸上，使书脊与纸上的折纸平行，中间留出书本厚度的一半距离，左手按住书本，右手拿铅笔，顺着书脊，依样画线，使折线两边的两个书样完全对称。也可以将包书纸折过来，用手来回按压，使包书纸有明显的书脊痕迹。

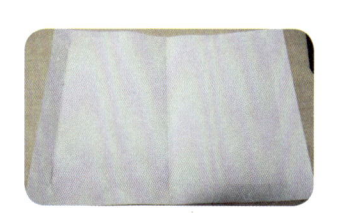

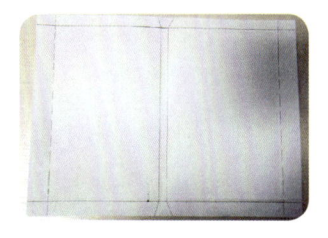

（三）裁剪

在包书纸两头，离对折线约1.5厘米的地方，两边各剪一道口子，剪的时候刀尖微向折线倾斜，使刀口正好剪到画出的书样边线上。

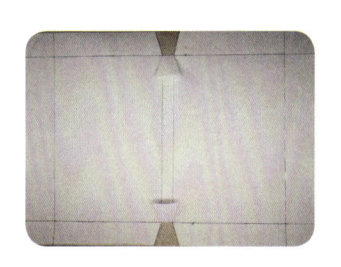

（四）折角

将对折线两端剪开的两片小纸，分别沿画线向里折去，使折线和两边线形成一条直线。

（五）包边

1. 将书本放在包书纸上，对折包书纸。

2. 先包书的封底。按照包书纸上的画线或折痕，先折横边，再折竖边。

3. 用同样的方法把书的封面包好。

（六）整理

1. 书包好后，用双手顺着包书纸来回将书压平。

2. 在封面上写上书名、所在班级和自己的姓名。

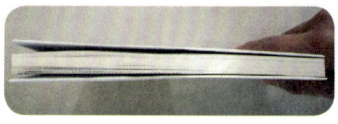

三、温馨提示

1. 使用剪刀时注意安全。

2. 试着设计个性化的包书纸。

让我们举办一张包书皮大赛吧，比比看，谁的书皮包得最好、最漂亮。

四、自我评价

"包书皮"这项技能，我的熟练程度是（在□里打√）：

非常熟练□　　　比较熟练□　　　基本会□

不太会□　　　完全不会□

57 系红领巾

一、技能简介

红领巾代表红旗的一角，是少先队员的标志，每位少先队员应爱护并佩戴好它。系红领巾也是每位少先队员必须掌握和应用的技能。

二、步骤与方法

（一）口诀

双手托起红领巾，尖朝外，披在肩上边，左角压右角，右角绕一圈，圈里抽出尖。

（二）具体步骤

1. 将红领巾向钝角方向折两次，形成宽约 4 厘米的领子。
2. 披在肩上边。将领子朝外披在肩上，钝角对脊椎骨。
3. 左角压右角。将红领巾的左角放在右角的上面，两角交叉。
4. 右角绕一圈。用右手拇指和食指捏住交叉点，左手拿着红领巾的右角，在右手上面围绕两角顺时针方向绕一圈，左角不动。

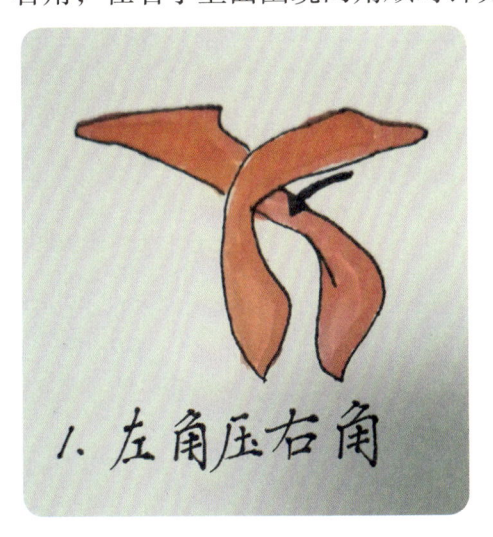

5. 圈里抽出尖。右角恰好绕过左角一圈，从左右两角的交叉空隙中抽出，拉紧。

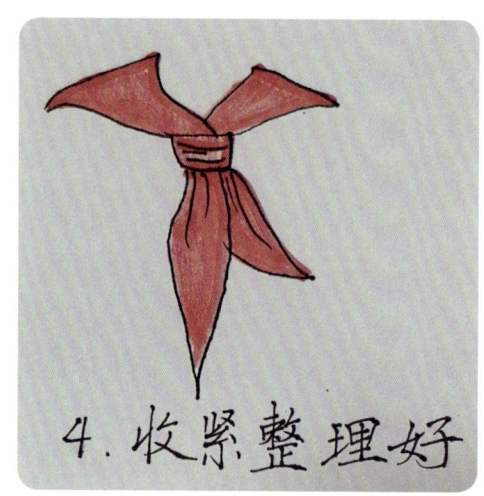

三、温馨提示

1. 系红领巾千万不能随便打个结。
2. 要保持红领巾的整洁，定期清洗。
3. 穿翻领衣服时，将红领巾压在领子下。

系红领巾是每一个少先队员必备的技能，你学会了吗？试着帮才入队的小同学系一系红领巾吧。

四、自我评价

"系红领巾"这项技能，我的熟练程度是（在□里打√）：

非常熟练□   比较熟练□   基本会□

不太会□   完全不会□

58 制作一本手工书

一、技能简介

早在3000多年前的殷代后期,就出现了有关占卜吉凶的书。当时纸尚未发明,人们就地取材,以龟甲和兽骨为记录材料,把占卜的内容刻在龟甲或兽骨上,这就是最早的图书——甲骨的书。我国最早的书还有"简策""版牍""帛书"。书一般由封面、扉页、目录、正文、辅文(前言、后记、注文、附录、索引、参考文献)等组成。下面就和大家一起来学习如何制作一本手工书。

二、步骤与方法

1. 准备材料和工具。

A4纸、家用针线、双面胶、硬纸板、钉子等。

2. 确定内容。要做什么类型的书,卡通、风景还是其他,先想好思路再制作。

3. 书写内容。

在A4纸上面画出想要表达的场景或者自己想要的画面。画好之后可

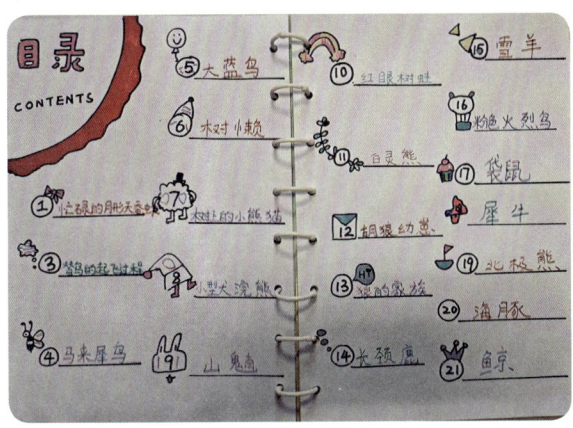

以在图画周围写上画面要表达的意思，做到图文并茂。

4. 制作目录、页码和封面封底。

制作目录、页码，方便阅读。制作封面封底，让它看起来更像一本书籍，封面需要用厚一点的纸。

5. 装订成册。

（1）将书页弄齐，两侧用小夹子夹好，或者用双面胶粘好。

（2）用尺子画好穿孔的位置，使其保持在一排且距离相等。

（3）用钉子在画好的位置穿孔。

（4）穿好孔后从头开始缝，将左上角缝制好后依次反正交替缝，缝到末端处再向回缝，将没有线的地方缝上线，缝到开头处和开始的线打结，打完结就可以得到一本书啦。

三、温馨提示

1. 使用家用针线、钉子等时要注意安全。

2. 还可以制作专业书籍，这需要我们查阅更多的资料方可制作得更加精美。

制作手工书可以锻炼我们收集整理资料的能力，让我们自己动手试一试吧，别忘了跟大家展示你的书籍哟！

四、自我评价

"制作一本手工书"这个生活技能，我的熟练程度是（在□里打✓）：

非常熟练□　　　比较熟练□　　　基本会□

不太会□　　　完全不会□

59 海报制作

一、技能简介

海报最早起源于上海,是一种常见的宣传方式,也是极为常见的一种广告,利用图片、文字、色彩、空间等要素进行完整的结合,以恰当的形式向人们展示出宣传信息。海报一般由标题、正文和落款三部分组成。手工制作海报是一件非常有趣的事情,现在我们就来学习如何手工制作一张海报。

二、步骤与方法

以玉带山小学"第二届紫荆辩论会"海报为例

1. 准备工具和材料。

彩色卡纸、剪刀、铅笔、彩色笔、胶水等。

2. 确定海报主题。

手工制作海报时并没有尺寸上的限制,你可以任意选择你喜欢的尺寸。根据自己的喜好和海报的内容,最好选定纯色作为底板。紫色是玉带山小学常用的色彩,所以选择紫色作为底板。为了更美观,并凸显本届辩论会的特点,用"2020"的变体叠影作为装饰。

3. 完成海报的标题、正文和落款。

(1) 标题

海报的标题写法较多,大体可以有以下几种形式:

第一种:单独由文种名构成。即在第一行中间写上"海报"字样。

第二种:直接以活动的内容作为题目。如"第二届紫荆辩论会"。

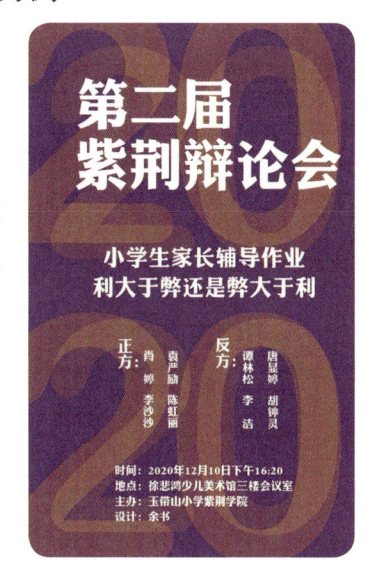

第三种：可以是一些描述性的文字。

（2）正文

海报的正文要求写清楚以下一些内容：

第一，活动的目的和意义。

第二，活动的主要项目。如"小学生家长辅导作业利大于弊还是弊大于利"。

第三，参加的具体方法、时间、地点以及一些必要的注意事项等，如"正方、反方辩手姓名"等。

（3）落款

署上主办单位名称"玉带山小学紫荆学院"，还可以写上海报的发文日期。

4.一张漂亮的海报就制作完成啦！

三、温馨提示

1.海报主题要明确。

2.以上的格式是就海报的整体而讲的，实际的使用中，有些内容可以少写或省略。

3.如果要手工制作海报，使用剪刀等工具时要注意安全。

我们学校有很多课外活动，让我们动起手来，为学校的这些活动设计一张海报吧！

四、自我评价

"海报制作"这个生活技能，我的熟练程度是（在□里打√）：

非常熟练□　　　比较熟练□　　　基本会□

不太会□　　　完全不会□

60 学记记事本

一、技能简介

记事本，又叫手账，小账本。记事本可用来记录事情，管理时间，同时可以让生活变得更规整，便利，有存在感。我们可以通过记事本来记录一些购物清单，或日记的只言片语、学习计划、阅读笔记等。

二、步骤与方法

（一）划分板块

1. 准备一本美观且方便携带的记事本。可以买，也可以自制。

2. 我们可以按内容划分，如 A. 健康，B. 兴趣，C. 年度目标，D. 工作，E. 家庭。

3. 我们可以按时间划分为年、季、月、周、日目标任务。

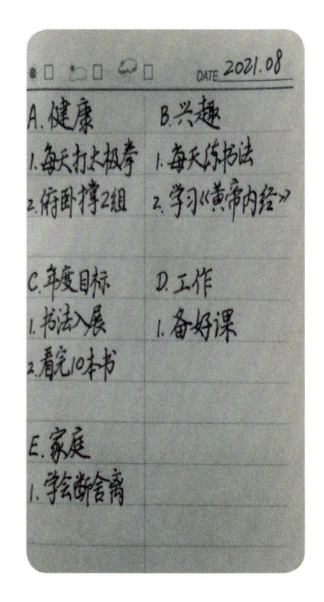

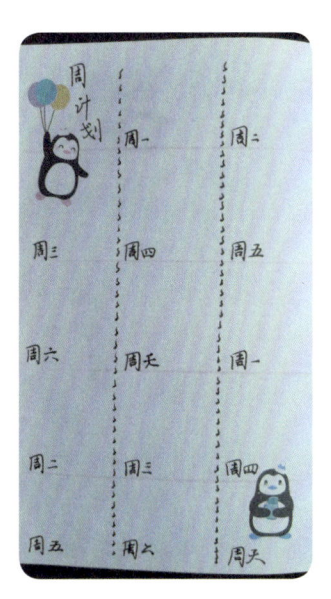

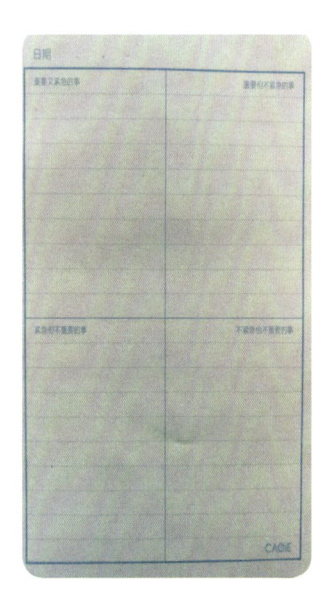

（二）装饰美化

装饰制表。可以将照片、单据、胶带、贴纸等素材整理好后拼贴起来。

（三）及时记录

记记事本会占用一部分时间，但不是浪费时间。

三、温馨提示

1. 记事本大小和页数可以根据自己喜好选择。

2. 记事本的记录没有统一的模板，有余力可以记好看一些。

3. 不要担心记成流水账。当你开始记录，你会发现惊喜越来越多。

你是不是已经学会记记事本了？赶快动手记记事本吧，拥有属于自己的有趣的专属记录！

四、自我评价

"学记记事本"这个生活技能，我的熟练程度是（在□里打√）：

非常熟练□　　　　比较熟练□　　　　基本会□

不太会□　　　　完全不会□

61 包装礼物

一、技能简介

礼物是表达情感的一种载体。为朋友、家人亲自包装礼物，既经济又实惠，还能与众不同。

二、步骤与方法

1. 材料。礼物盒、包装纸、胶带、剪刀、彩色纸。

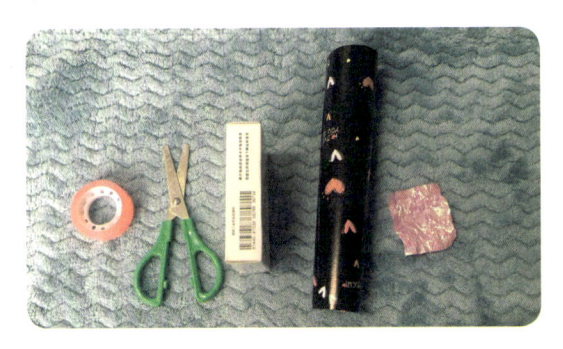

2. 将礼物盒放在包装纸上面，注意包装纸的正反。

3. 顺着礼物盒的棱角，将包装纸把礼物盒裹一圈，用胶带粘好。

4. 沿礼物盒棱角，将余下没有包住的两个面的包装纸折起来，粘好固定。

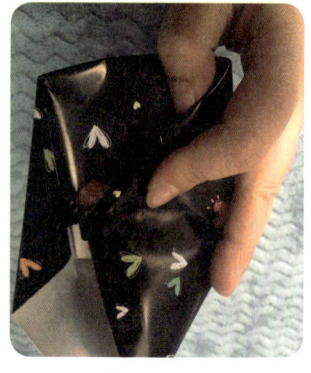

5. 最后，用彩色纸做一个小蝴蝶结，粘上去，礼物盒就包装完成啦。

三、温馨提示

1. 用剪刀时注意安全。

2. 蝴蝶结可用绸带等其他材料代替。

自己包装礼物是不是很有意义？在家人生日、节假日为他们送上礼物的时候，别忘了自己动手包装哦！

四、自我评价

"包装礼物"这个生活技能，我的熟练程度是（在□里打√）：

非常熟练□　　　比较熟练□　　　基本会□

不太会□　　　完全不会□

62 化解矛盾

一、技能简介

和同学相处，即使是亲密的朋友，也难免会发生一些小矛盾。学会化解矛盾，让朋友间的友谊长久，是小学生必备能力之一。

二、步骤与方法

1. 保持冷静。当矛盾发生时，首先就是要保持冷静，这是处理矛盾的最佳方式。在你心平气和之后，对方不会再执意争吵下去，你们就可以静下心来好好交谈，化"仇敌"为"友好"，将大事化小，小事化了。

2. 换位思考。当你与同学发生矛盾时，一定要站在对方的立场，用对方的心理来思考这件事情，想一想是自己的不对还是同学的不对。只有这样我们才能体谅对方的心情，才不会激发矛盾。

3. 学会道歉。道歉不是一件丢面子的事情，也不表示你的软弱，更不是要去骗取别人的宽恕，而是一种责任感的体现。我们要勇于自责，勇于承认过失，才能够真心地道歉。

当你伤害了对方，受伤害者要的，无非是你承认错误，并且表明以后不会再发生此类伤害。因此，口头道歉时，重点在于诚恳。如果你觉得难以开口，给对方送点小礼物，请对方一起吃饭等都不失为好办法，具体行动更能表现出你的诚意。

4. 寻求帮助。矛盾发展到僵持的时候，不妨寻求老师、家长或朋友的帮助。通过帮助，使得矛盾双方化解矛盾，达成和解共识，继续做好伙伴。

三、温馨提示

1. 不要因为矛盾中对方的一些过失就不给对方改过的机会，要学会包容，静下心来分析发生矛盾的原因，帮对方更正。

2. 双方交谈时，态度要诚恳，就事论事，不要带着情绪去交流，否则会激发矛盾。

化解生活中的矛盾，并不是一件简单的事情，但是只要我们秉持着一颗包容的互相理解的心，矛盾就会越来越少，校园也会越来越和谐！

四、自我评价

"化解矛盾"这项交往技能，我的掌握程度是（在□里打√）：

非常熟练□　　　　比较熟练□　　　　基本会□

不太会□　　　　完全不会□

63 设置闹钟

一、技能简介

在我们的生活中，经常要设置闹铃来提醒我们守时或报时。那么设置闹钟就成为必备的生活技能。

二、步骤与方法

（一）电子闹钟的设置（以华为荣耀手环 5 为例）

1. 手环开机，手机下载"华为运动健康"App，手环与手机连接蓝牙。
2. 进入连接好的蓝牙设备；进入参数设置界面。

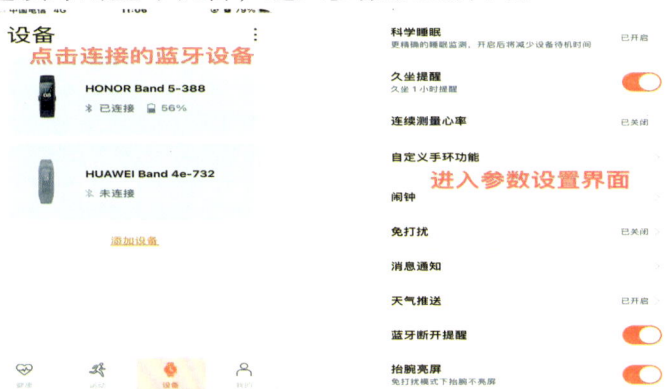

3. 点击添加闹钟，设置自己需要闹钟提醒的时间。

4. 闹钟设置成功。

（二）手机闹钟的设置

1. 在手机页面点击时间，或者在手机菜单中找到"时钟"，点击。
2. 在闹钟页面下方点击"+"，新建闹钟。

3. 设置闹钟的时间上午（或下午），几时几分，重复次数和铃声等。设置好后，点击右上角的图标"√"。

4. 闹钟设置成功。

你是不是已经掌握了设置闹钟的技能了？赶快自己动手试一试吧，也可以帮家人设置闹钟哟！

三、温馨提示

设置时间时注意区分 24 时计时法和普通计时法。

四、自我评价：

"设置闹钟"这个生活技能，我的熟练程度是（在□里打√）：

非常熟练□　　　比较熟练□　　　基本会□

不太会□　　　完全不会□

64 制订旅行攻略

一、技能简介

我们都期待着有一场说走就走的旅行，可是在旅行的过程中，我们总会遇到各种各样的问题。那么，就需要我们在旅行前制订详细的旅行攻略。

二、步骤与方法

1. 确定目的地。

我们可以根据旅行时间的长短来确定自己想去的目的地。

2. 制订出行计划。

（1）查资料整理景点介绍和攻略。

（2）选择最想去的景点，最想尝的美食，制订合理的路线图。

3. 预订交通、住宿、门票。

（1）根据目的地选择适宜的出行方式（乘坐飞机、火车、汽车等）。

（2）根据预订的出行方式以及要去的地方选择酒店，提前做好预订。

（3）提前订好景点门票。

4. 收拾旅行用品。

你可以根据季节、地点以及游玩项目制订一份旅行物品清单：

□拉箱杆 / 背包　　　　　　□贴身小包 / 钱包

□身份证 / 护照　　　　　　□个人证件照电子版

□手机 / 相机 / 镜头　　　　□充电器 / 插头转换器

□现金和信用卡 / 银行卡　　□兑换当地钱币

□洗漱用品　　　　　　　　□毛巾 / 一次性面巾

□鞋 / 拖鞋　　　　　　　　□衣服 / 短裤

□保暖巾 / 遮阳帽 / 太阳镜　□充气枕 / 眼罩

☐雨伞　　　　　　　　　　☐水杯/水壶
☐防晒霜和驱蚊水　　　　　☐个人常用药

三、温馨提示

出门前还需要完成几件小事情：
☐关好门窗　　☐拔掉家里的电器插头（冰箱别拔）
☐倒垃圾　　☐收好家里贵重物品　☐给植物浇好水

你是不是已经掌握制订旅行攻略的技能了？利用假期制订旅行攻略，和家人一起去旅游吧！

四、自我评价

"制订旅行攻略"这个生活技能，我的熟练程度是（在☐里打√）：

非常熟练☐　　　　比较熟练☐　　　　基本会☐

不太会☐　　　　完全不会☐

65 认识旅游地图

一、技能简介

旅游，已经成为很多人假期热爱的活动之一，当我们走到一个陌生的城市，想看美景、品美食，一份纸质旅游地图，可以为我们的旅游提供很多便捷信息哦。

二、步骤与方法

我们以重庆旅游地图为例。

1. 选择地图。选择正规出版社所出版的地图，这是地图准确性的保证。非正规出版社的地图总会错误百出，给旅游带来烦恼。

2. 读懂图例。地图上都会标有标识解释，方便使用地图者寻找目的地。

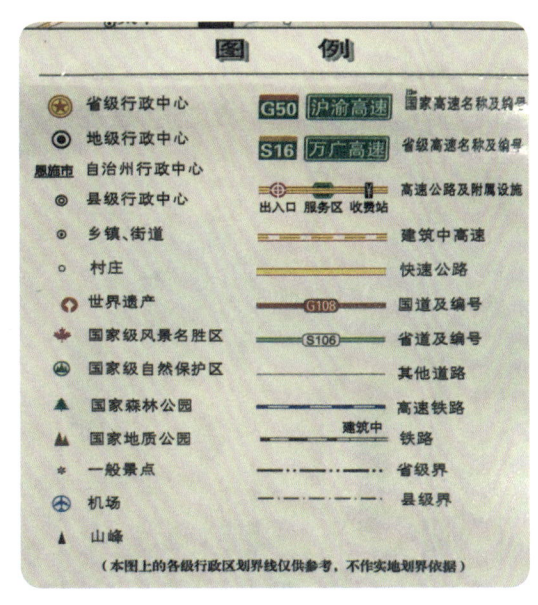

3. 看说明。旅游地图上会有一些相关城市的基本介绍，方便使用者快速熟悉城市概况。

4. 定位置。找地点，遵循先找大地点，再找小地点的原则。如先在地图上找到江北区区域，再在江北区区域范围内找到观音桥购物中心。

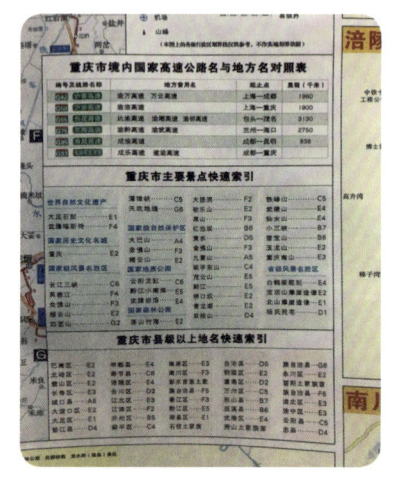

三、温馨提示

1. 当你第一次使用纸质地图时，在地图上圈出你的住处，以住处为中心，标出附近的公交站、地铁站，方便出行。

2. 可以在纸质地图上标注出你去过的地方，留作旅游纪念。

旅游地图除了上面我们学习到的信息，还有更多的地理信息，你可以仔细阅读，了解更多的知识哦。

四、自我评价

"认识旅游地图"这个生活技能，我的熟练程度是（在□里打√）：

非常熟练□   比较熟练□   基本会□

不太会□   完全不会□

66 导航

一、技能简介

随着社会的发展，路况也越来越复杂，为了更快捷地到达目的地，通常情况下都会用到手机导航。现在我们就来学习手机导航怎么使用，更方便大家出行。

二、步骤与方法

现在有很多导航系统都可以在手机上使用，下面就以"高德地图"导航为例，首先手机上必须下载高德地图 App。

（一）驾车出行方式

1. 点击"高德地图"，进入高德地图界面，点击"路线"字样，进入下一界面。

2. 在"输入终点"位置输入你要去的地方，如"重庆玉带山小学"。

3. 地图界面会出现很多种出行方式，如驾车、打车、公交地铁、骑行、步行等，选择合适的出行方式。以"公交地铁"为例，点击下方的路线，

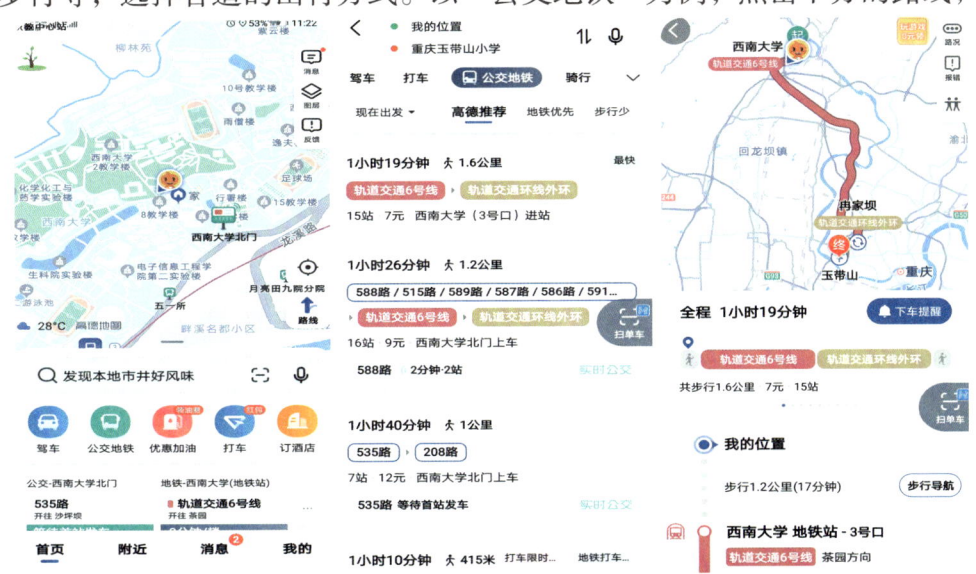

再点击"步行导航",进入手机导航模式,按照导航路线前进,最终到达目的地。

（二）导航的其他功能

导航还有"搜索附近"的功能。以搜索"重庆玉带山小学"附近为例。在"搜索"处输入"重庆玉带山小学",再点击左下角"周边",则可以搜索"重庆玉带山小学"附近的美食、酒店等。

三、温馨提示

1. 手机系统不同,操作可能略有不同。

2. 当手机导航与实际路线标志牌或现场交警指挥不一致时,请以实际路线牌和交警实时指挥为准。

3. 根据自己的实际需要可以选择其他的出行方式。

手机导航会为我们的生活带来很多的便利,我们把这个技能教给爷爷奶奶,让他们的出行变得更简单吧。

四、自我评价

"手机导航"这个生活技能,我的熟练程度是（在□里打√）：

非常熟练□　　　比较熟练□　　　基本会□

不太会□　　　完全不会□

67 手机定位

一、技能简介

出门在外，确定自己的位置是外出途中必备的一项技能。智能手机就是我们定位的重要工具，现在我们来学习一下如何使用智能手机定位。

二、步骤与方法

（一）微信定位自己所在的位置

1. 打开手机定位服务。在手机"设置"程序里点击"密码、隐私与安全"，选择"位置信息"，开启"位置服务"。

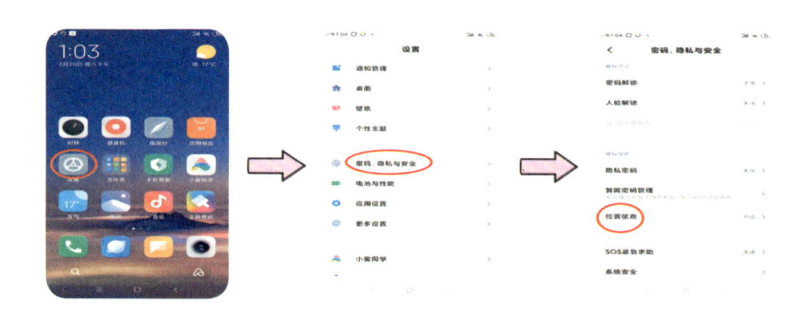

2. 微信定位。打开微信程序，选择你要告知定位的对象，打开对话框。点击对话框附加功能，点击"位置"，选择"发送位置"，地图上显示的就是你当前的位置，再点击"发送"即可。

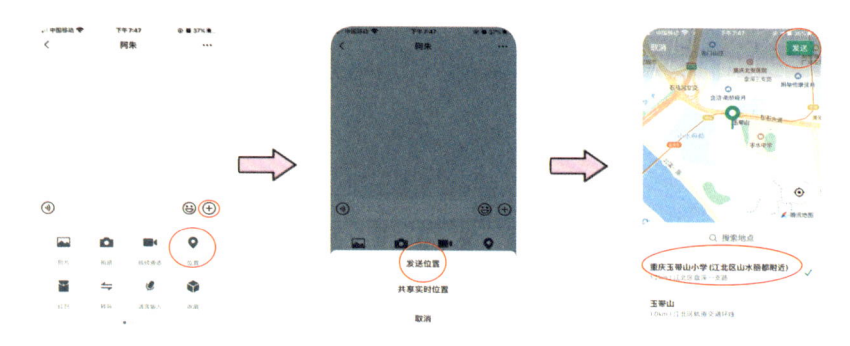

（二）地图定位自己所在的位置

1. 同样需要打开自己手机的定位系统，方法参照上一部分。

2. 在手机商店里下载"百度地图"或者"高德地图"或者其他地图程序。下载后，点击进入程序，因为手机自带定位系统，所以一般情况下，打开地图后，光标所在位置即为使用者此刻所在的位置。

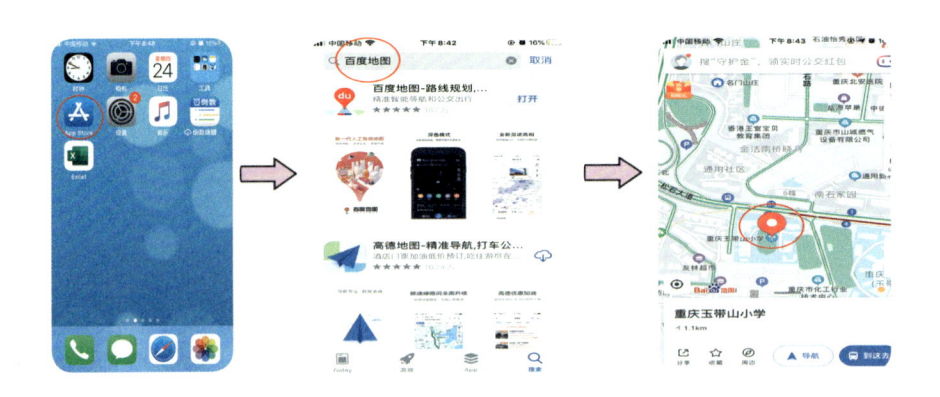

三、温馨提示

1. 手机系统不同，操作可能略有不同。

2. 手机电量低时，关闭定位系统，可以省电哦。

手机定位可以为我们的出行带来很多便捷，赶紧教教爷爷奶奶使用这个技能吧。

四、自我评价

"手机定位"这个生活技能，我的熟练程度是（在□里打√）：

非常熟练□　　　　比较熟练□　　　　基本会□

不太会□　　　　完全不会□

68 网上挂号

一、技能简介

网上挂号不仅操作简便快速，而且可以让患者选择方便的就诊时间，有针对性、有目的性地去医院就诊，更重要的是它使医疗资源配置更加高效合理。现在我们就来学习一下如何使用智能手机网上挂号。

二、步骤与方法

网上挂号的平台有很多，我就以大家常用的微信平台为例进行介绍。

下载打开手机微信：进入微信 App，登录账号进入微信主页面。流程如下，点击"我→支付→生活服务→城市服务→热门服务→挂号平台"。此时会出现多个挂号平台，随便选择其一（我以"重庆医院预约挂号"平台为例）进入然后点击"预约挂号"。此刻页面中会出现多个医院，我们选择自己需要的医院进入后再在里面选择正确科室，最后即可结合自己的时间和需求选择合适的时间和医生"预约"。

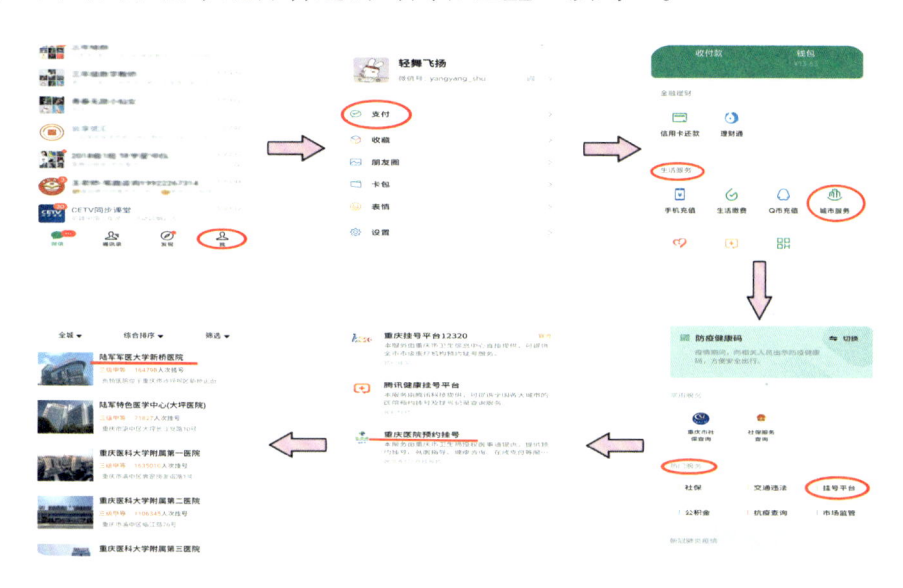

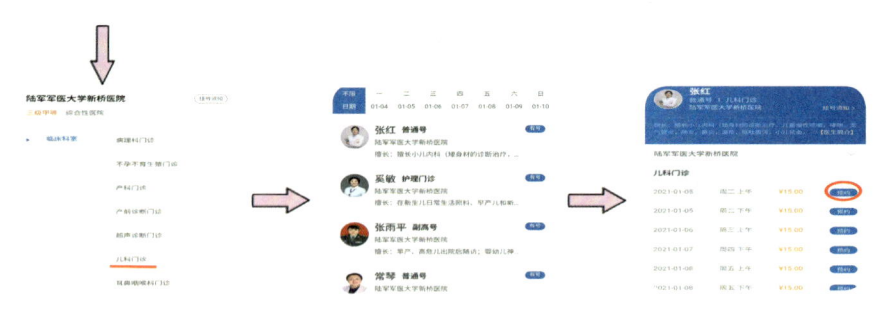

三、温馨提示

1. 不同挂号平台，操作可能略有不同。

2. 网上预约后一定要在约定时间内前往就医，如若计划有变一定要提前取消该预约号。

网上挂号确实为我们的生活带来了很大的方便，以后，你也可以帮爷爷奶奶在网上挂号看病了。

四、自我评价

"网上挂号"这个生活技能，我的熟练程度是（在□里打√）：

非常熟练□　　　　　比较熟练□　　　　　基本会□

不太会□　　　　　完全不会□

69 网上购书

一、技能简介

随着社会的发展，网购已经受到越来越多的人的喜爱。因为网上购物不仅不受时间地点的限制，还可以有许多对比选择的空间。下面我们就来学习一下如何使用智能手机快速在网上买到我们需要的书籍。

二、步骤与方法

网上购书的平台有很多，我们就以淘宝为例进行介绍。

（一）进入网购平台

打开淘宝 App，注册登录淘宝账号。绑定支付宝账号用于付款，最好通过实名认证，这样自己账号才能安全。在设置里面添加收货地址并保存，此时可以将常用地址设置为默认地址，方便下次使用。

（二）搜索购书

1. 在淘宝的首页的"搜索栏"输入自己想要购买的书籍名，点击"搜索"。

2. 此时页面就会出现很多满足你需要的书籍供你选择，你可以点击其中每一栏的商品进去查看具体的书籍信息，有疑问的地方还可点击"客

服"进行咨询，最后对比参考后选择正确合适的书籍点击"立即购买"，选择你需要配送的地址，"提交订单"确认支付后即可坐等收货。

三、温馨提示

1. 不同购物平台，操作可能略有不同。

2. 网上书籍也有可能会出现盗版或存在质量问题，购买时需谨慎选择。

学会了网上购书，就可以让我们足不出户也能买到自己心仪的书籍了，让我们在网上帮弟弟妹妹们选购他们喜欢的书籍吧！

四、自我评价

"网上购书"这个生活技能，我的熟练程度是（在□里打√）：

非常熟练□　　　　比较熟练□　　　　基本会□

不太会□　　　　完全不会□

70 收发邮件

一、技能简介

随着网络的发展，电子邮件已被广泛应用于人们的工作和生活中，它不仅能实现和亲戚朋友间的快速沟通，还能大大提高职场的工作效率。所以如何收发邮件已经成为日常工作和生活中一项必不可少的技能，现在我们来学习一下如何使用智能手机收发邮件。

二、步骤与方法

（一）QQ 邮箱收邮件

1. 下载打开 QQ 邮箱。在应用商店里面可直接搜索"QQ 邮箱"点击下载安装，然后注册登录 QQ 邮箱。

2. 进入 QQ 邮箱。打开 QQ 邮箱 App，进入页面后点击"收件箱"，就可以看到许多邮件目录。点击"未读邮件"，选择其中的任意邮件，点击，即可查看阅读。

（二）QQ 邮箱发邮件

1. 同样需要登录自己的 QQ 邮箱

2. 进入后点击右上角的"+"，然后选择"写邮件"这一项，跳转到写邮件的页面，然后输入你想要发送的收件人（邮箱号），接下来在"主题"栏添加你需要发送的内容，最后点击"发送"即可。

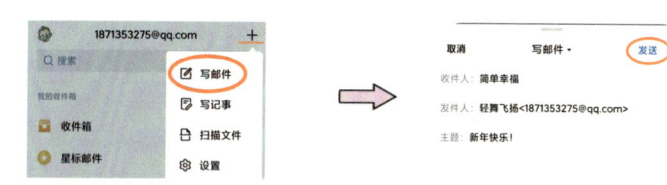

三、温馨提示

1. 除了 QQ 邮箱还有其他的收发邮件的平台，方法是大同小异的。

2. 对于超大邮件的发送，可以在发送页面用添加"我的附件"或"本地文件"的方式发送。

暂未上传附件

文件扫描　　我的附件　　文件中转站　　本地文件

3. 发邮件的时候一定注意不要把收件人的邮箱号输入错了，否则对方就收不到发送的邮件。

收发邮件这项技能并不难吧，现在可以试着给朋友或同学发送一封电子邮件了。

四、自我评价

"收发邮件"这个生活技能，我的熟练程度是（在□里打√）：

非常熟练□　　　　比较熟练□　　　　基本会□

不太会□　　　　完全不会□

71 录制视频

一、技能简介

  祖国的美丽画卷、身边的难忘时刻、关注的动植物成长……学会录制视频，再现当时的场景，可以让我们重温那些欢乐、温馨、感动！

  了解录制视频的方法，才能够为后面的软件加工带来更好的成品效果。

二、方法与步骤

  1. 构图。因为倾斜的视频图像不像照片那样易转正，所以在每次录像之前，我们都要环视四周的环境，看看取景框里的画面是否是水平的，想要表达的主题是否在中间——这就是构图。

  2. 选择光线。光线是录制视频的法宝之一，对视频有着重要的影响。在拍视频前，可以先按你的构思录一段5秒内的短视频，再看看短视频效果，观察光线在视频里的角度，帮助你调整好录制视频的线路。

  3. 录制。在拍摄时，一定要注意主光源（阳光、灯光）与物体的位置关系。简单来说就是拍摄的主体人或物要"面向光源"，再侧移一定的小角度，这样录制主体的立体感就出来了，也避免了录制主体变形的尴尬场面。

✗　　✓

4.镜头。从左往右，从右往左，从上到下，从下到上，从整体到局部，这样有规律地拍摄，让观看者随着你的视频变化对后面进入的画面产生某种期待和注意。一般来讲，镜头以10秒左右为宜，过长则拖泥带水，过短则物体太模糊。录制时请注意自己的姿势：两脚微分开，转动腰部（可千万别动头），这样使镜头更平稳。关于对焦功能，手机录制视频一般都是自动对焦，这样会使画面一会儿清晰一会儿模糊，一般调整到手动对焦就可以，当然也可以通过点击画面来完成。

三、温馨提示

1.想要拍好视频是需要多练习和多反思的。

多练习：多拍摄一些视频，想拍什么就拍什么。

多反思：将拍摄的视频反复地看，找出自己看起来不舒服的地方，就是你下一次改进的方向。

2.拍摄者一定要注意自身的安全。拍摄过程中留心周围环境，预防撞伤、踏空等危险事件发生。

录制视频这个技能你学得怎么样？跟朋友一起来一次家庭录影比赛吧。

四、自我评价

"录制视频"这个生活技能，我的熟练程度是（在□里打√）：

非常熟练□　　　　比较熟练□　　　　基本会□

不太会□　　　　完全不会□

72 拍照

一、技能简介

拍照已然是我们生活中不可缺的一部分，"咔嚓"一声，拍下精彩瞬间，让这一刻永远珍藏。这里我们来简单介绍三个步骤，让拍出来的照片更好看。

二、方法与步骤

1. 用好手机拍照功能。现在的手机拍照功能越来越强大，充分了解这些功能，也能够让我们小学生拍出大片的感觉。如：人像模式、全景模式、室内灯光、轮廓光、自然光、鲜明色、鲜冷色、反差色等。选择与自己拍摄场地相适应的模式、色彩、效果就能够拍出一些比较好的照片。

2. 构图是关键。第一步完成了"知己"，现在我们来讲讲"知彼"。了解自己的拍摄内容，选择拍摄的重点，让照片表现出你想表达的情感。将景取在框里后，将上下和左右大概分割成9等份（可直接设置取景框为网络状），一般主体在照片的黄金分割线的位置。另外就是三角形构图法，拍照重点构成三角形排布。当然感兴趣的孩子还可以再去查阅更多的拍摄构图法。

同时，这里不得不提到的还有聚焦：当下的手机都有自动聚焦功能，只需在手

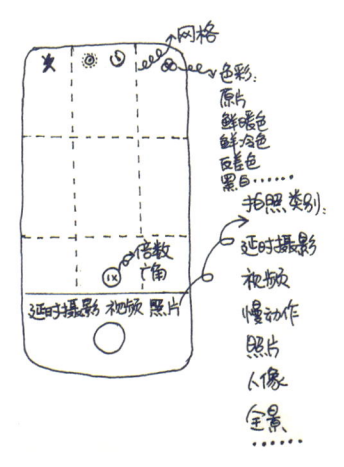

机界面点一点即可。一般拍照只要聚焦到主体就可以，但也有特殊情况下，可以聚焦到非主体上，这样让画面更有意义。

3. 角度是保证。与录制视频不一样，拍照可以多角度进行，效果也会不一样。顺光、逆光、侧光再加上手机的闪光灯，运用好这些光影会给你的照片增色不少。最常见的是顺光拍，让拍摄主体面对光线，将美丽一一呈现出来。逆光拍摄一般用于突出线条、物品结构等。侧光拍摄一般用于突出物体的某一部分。掌握好角度，可以让你的照片"说话"哟！

顺光　　　　逆光　　　　侧光

三、温馨提示

1. 想要拍好照片是需要多练习和多反思的。

多练习：多拍，想拍什么就拍什么。

多反思：将照片反复地看，找出不足，就是你下一次改进的方向。

2. 拍摄者一定要注意自身的安全。拍摄过程中留心周围环境，预防撞伤、踏空等危险事件发生。

让我们用这个技能，留下生活中的精彩瞬间吧！

四、自我评价

"拍照"这个生活技能，我的熟练程度是（在□里打√）：

非常熟练□　　　比较熟练□　　　基本会□

不太会□　　　完全不会□

73 使用 ATM 机

一、技能简介

随着社会的发展，ATM 机的使用逐渐成了人们必备的生活技能，它让我们的金融交易更加方便、快捷。

二、步骤与方法

（一）取款

1. 将银行卡正面芯片向上，背面磁条朝下，芯片指向取款机方向，插入 ATM 机。

2. 如果屏幕上出现提示信息，认真阅读后按下"确认"键。

3. 输入银行卡密码，屏幕出现"查询业务""取款""转账业务""退卡"等对应的按键，看清楚后再按下你需要的按键。

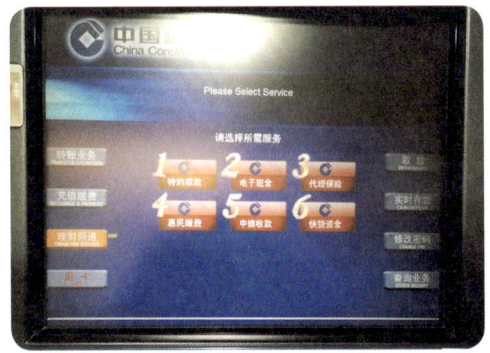

4. 如果你是取款，就按下"取款"键，输入你取款的金额。屏幕上一般有便捷的提示，如果上面的金额有你要取款的金额，可以按相对应的键就可以了。如果没有，请找"其他金额"键，按下

后输入自己想取的金额，再按确认键。

5."出钞口"出钞后迅速取出（如果规定时间内不取出，ATM机会把钞票吞回），清点数额是否相符，并打印交易凭条。

6.可继续取款或查询，如果不想继续操作，就按"退卡"按钮退出银行卡。

（二）存款

插卡—输入卡密码—选择"实时存款"按钮—放入要存的现金—机器自动点钞后显示存入金额（如有不能识别的钞票，请拿出），核对金额—按"确认"键—打印凭条—退卡

三、温馨提示

1.要严格按ATM的电脑屏幕提示操作。不要轻信ATM机旁张贴的"告示"或"通知"。必要时可拨打服务热线或向营业厅求助。

2.妥善保管好银行卡密码，任何情况下都不要将自己的银行卡密码泄露给他人。输入密码时，用手或身体遮挡，以防密码被窥窃。

3.谨防"热心人"帮助，不要轻信陌生人。

4.当银行卡被ATM机吞卡，不要急于离开。弄清楚吞卡原因，必要时打相应银行的客服热线电话，寻求帮助。

你学会如何操作ATM机了吗？和父母一起去银行，试着操作一次吧。

四、自我评价

"使用ATM机"这项生活技能，我的熟练程度是（在□里打√）：

非常熟练□　　　　比较熟练□　　　　基本会□

不太会□　　　　完全不会□

74 识别假钞

一、技能简介

如何快速辨别假钞？这个问题看似简单，但是生活中往往还是有不少人收到过假币。只要我们掌握一定的技巧，便可以简单快速地辨别假钞了。

二、步骤与方法

1. 看数字

观察纸币中间，垂直观察，数字"100"以金色为主，平视观察，数字以绿色为主，随着观察角度的变化，数字颜色在金色与绿色之间交替变化；假币则由咖啡色和棕色组成，无论票面角度如何变化，面额数字颜色不会发生变化。

2. 看水印

观察纸币正面左侧空白处，透光观察，可见毛泽东头像。假币中的人像图案有明显失真。

3. 看图案

观察纸币正面左下方，迎光观察，正背面的图案组成一个完整的面额数字"100"，没有重叠或断裂现象；假币有明显断裂现象。

4. 看安全线

安全线，垂直观察时呈品红色，与票面呈一定角度观察，安全线呈绿色，迎光观察，安全线中交替排列镂空文字"¥100"。假币安全线部分图案出现剥落现象，没有镂空文字。

5. 摸图案

主要摸正面毛泽东头像、"中国人民银行"行名、国徽、盲文，背面主景等图案，有明显的凹凸感；假币呈平滑状，只是采用二次加工，有明显压痕。

6. 听声音

我们拿起一张真币使颈摇动，边摇边听，会发现真币无论新旧发出的声音都非常清脆，但假币发出的声音则比较沙哑沉闷。

三、温馨提示

在日常生活中，验钞笔、验钞机等都是可以辅助我们辨别假钞的好工具，但如果身边没有专业工具，学习了以上的方法，我们也能识别钞票的真伪。

你是不是已经掌握识别假钞的技能了？你能练就一双火眼金睛，识别生活中的假钞吗？

四、自我评价

"识别假钞"这个生活技能，我的熟练程度是（在□里打√）：

非常熟练□　　　比较熟练□　　　基本会□

不太会□　　　完全不会□

75 认识交通标志

一、技能简介

交通标志是道路的语言，充分认识它们对我们安全出行、愉快游玩起到非常重要的作用。交通标志分为主标志和辅助标志两大类，其中主标志分为：警告标志、禁令标志、指示标志、指路标志、旅游区标志和道路施工安全标志6小类，共有146种316个图形符号；辅助标志有5种16个图形符号。这里我们要给大家讲的主要是生活当中常用标识。

二、方法与步骤

1. 认识交通标志。
2. 记住这些重要的标志，能够帮助我们合理规划出行路线，并在遵守交通规则的情况下快速地到达目的地。

十字交叉	T形交叉	T形交叉	T形交叉
Y形交叉	环形交叉	向左急弯路	向右急弯路
反向弯路	连续弯路	上陡坡	下陡坡
两侧变窄	右侧变窄	左侧变窄	窄桥
双向交通	注意行人	注意儿童	注意牲畜
注意信号灯	注意落石	注意落石	注意横风
易滑	傍山险路	傍山险路	堤坝路

堤坝路	村庄	隧道	渡口
无人看守铁路道口	注意非机动车	事故易发路段	慢行
解除禁止超车	禁止停车	禁止长时停车	禁止鸣喇叭
限制宽度	限制高度	限制质量	限制轴重
限制速度	解除限制速度	停车检查	停车让行
路口优先	会车先行	人行横道	右转车道
直行车道	直行和右转合用车道	分向行驶车道	公交线路专用车道
机动车行驶	机动车车道	非机动车行驶	非机动车车道

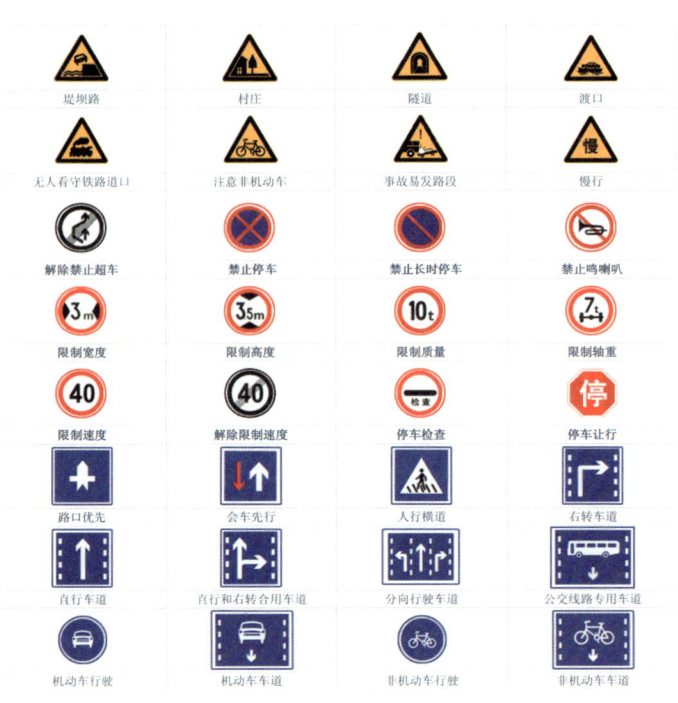

三、温馨提示

1. 我们不仅要认识这些标志，同时还要慢行、多观察。

2. 道路情况千变万化，突发紧急事件及必要情况下，可根据更好地保护自己及减少伤亡的方案做出判断。

认识交通标志可以规范我们的交通秩序，是我们生活中必不可少的技能，让我们鼓励身边的朋友都来认识交通标志，争做文明交通人。

四、自我评价

"认识交通标志"这个生活技能，我的熟练程度是（在□里打√）：

非常熟练□　　　　比较熟练□　　　　基本会□

不太会□　　　　完全不会□

76 乘坐公共交通

一、技能简介

生活出行，我们会乘坐各种公共交通工具。安全、文明乘坐公共交通工具是我们小学生应该具有的一项技能，而除了常规的乘车规范，我们这里着重讲解的是当下与我们接近的乘坐公共交通工具的技能。

二、方法与步骤

1. 合理规划，安全出行：时间紧急，可使用快捷到达目的地的方式，利用好网约车、出租车服务；时间宽裕，可选择公交、地铁或公交＋地铁出行。

2. 软件在手，轻松出行：乘坐汽车，在家里可以知道车次运行情况，算好从家门口走到车站的时间，不在车站空等汽车。

车来了

地铁通

乘坐轻轨、地铁，可下载"地铁通"，选择相应城市就能够查询到相关运行情况及班次。

同时，我们也可以运用百度地图、高德地图等软件查询到目的地的方法，而且可根据实时路况进行最优选择。

值得我们注意的地方是要学会认真看 App 导航系统里的详细说明，选择好最佳路线。

高德地图　　　　　　　　　　　　百度地图

三、温馨提示

1. 未成年人乘坐公共交通工具是需成人陪同的。

2. 请根据具体乘坐要求遵守乘坐公共交通工具其他注意事项。

3. 乘坐公共交通工具可以保护环境，让我们低碳出行，为保护环境尽一份力吧！

四、自我评价

"乘坐公共交通"这个生活技能，我的熟练程度是（在□里打√）：

非常熟练□　　　　比较熟练□　　　　基本会□

不太会□　　　　完全不会□

77 穿救生衣

一、技能简介

救生衣是船舶必备的救生设备之一，其作用是使落水人员漂浮在水面，能露出脸部等待救援，同时也可以保暖，以防止身体热量散失。

二、步骤与方法

1. 将救生衣穿在身上，带有口哨的一面穿在胸前。

2. 将所有的绳子拴紧，特别是后背的两根绳子，绕到腰上，穿进卡扣里，在腰前系紧。

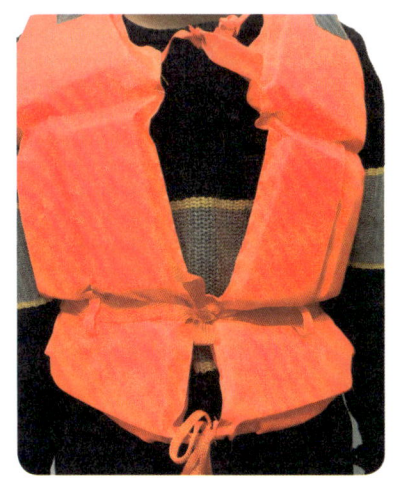

3. 紧急时刻，可以吹响胸前的救生哨，引起救援人员的注意。

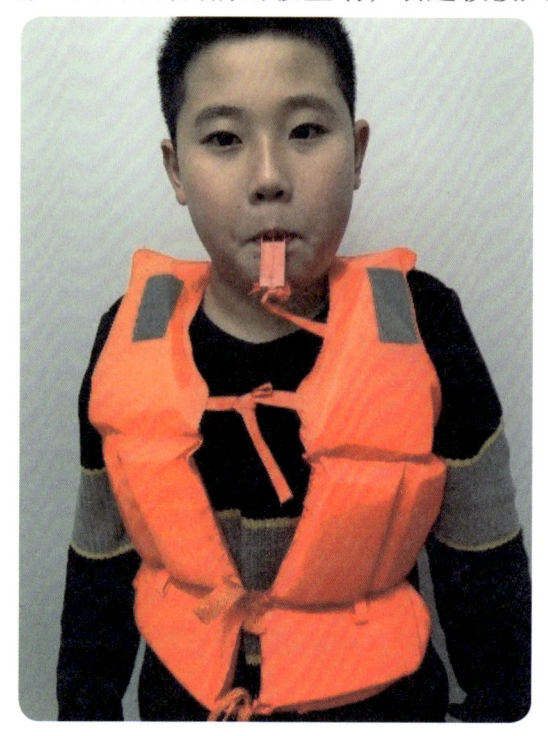

三、温馨提示

1. 穿救生衣前确认救生衣双侧面的绳子是否系牢。
2. 穿戴完整后一定要再次检查所有系带的部位是否系紧，不能有任何松动。

穿救生衣是我们一定要掌握的生活技能，同学们学会之后，还可以教身边的亲人，提高大家的安全意识。

四、自我评价

"穿救生衣"这个生活技能，我的熟练程度是（在□里打√）：

非常熟练□　　　比较熟练□　　　基本会□

不太会□　　　完全不会□

78 打绳结

一、技能简介

生活中很多地方会用到打绳结的技能，比如系捆绑物品、防止滑落等，今天我们来学习一下常用的几种打绳结的方法。

二、步骤与方法

（一）系半结

这是所有结中最基本的绳结。

（二）系双套结

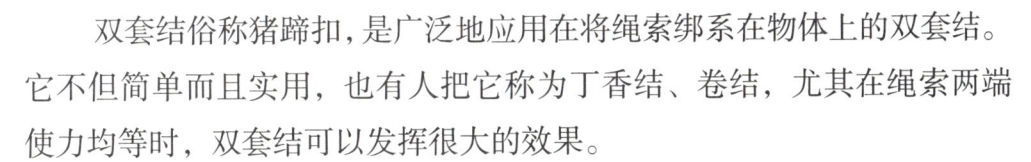

双套结俗称猪蹄扣，是广泛地应用在将绳索绑系在物体上的双套结。它不但简单而且实用，也有人把它称为丁香结、卷结，尤其在绳索两端使力均等时，双套结可以发挥很大的效果。

1. 把绳索绕成两个圈。
2. 将右边的圈重合在左边的圈之上。
3. 将重合后的圈套进物体上，两头同时拉紧。
4. 最后再系一个半结。

（三）系八字结

八字结通常可作为一条绳上的一个临时或简单中止的制动点。首先将一根绳子绕城半8字形，然后将下面一根绳子反绕上来，接着把绕上来这端穿进半 8 字形里，最后两端拉紧，一个八字结就打好了。

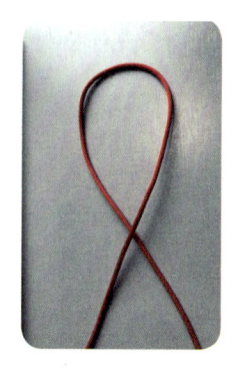

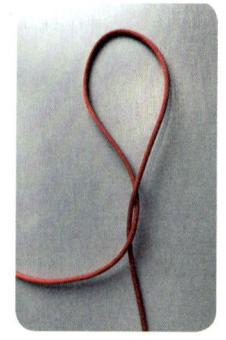

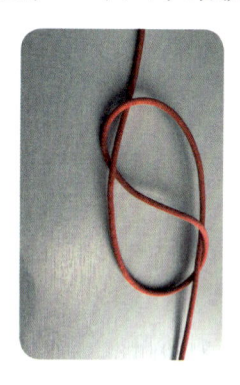

三、温馨提示

1. 练习打绳结的时候，不要在动物或者人身上进行练习。

2. 绳结不仅可以用来捆绑东西，还可以作为装饰品，如中国结。

学完打绳结的技能，是不是想自己动手试一试了呢？我们还可以尝试创造其他打绳结的方法哦。

四、自我评价

"打绳结"这个生活技能，我的熟练程度是（在□里打√）：

非常熟练□   比较熟练□   基本会□

不太会□   完全不会□

79 搭建帐篷

一、技能简介

现在，越来越多的人喜欢到郊外去露营，这就需要自己搭建帐篷，但是初次出去的可能不太会操作，现在我们来学习一下如何搭建简易的帐篷。

二、步骤与方法

1. 选择营地，把帐篷的内帐平铺在地上，与帐篷裹在一起的钉袋、杆袋等配件先放一边。

2. 取出帐篷，底部向下平摊开，并确定帐篷上的支架接入孔位置。

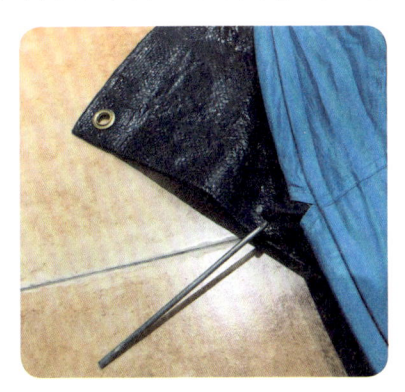

3. 取出帐篷支架杆，拉直支架杆。

4. 把支架的四角插入帐篷上对应的帐篷固定孔中，把帐篷支起来。

5. 拿出地钉，穿过支架接入孔旁边的地钉固定孔，将地钉牢牢地锤入泥土里。

6. 四个地钉固定好后，帐篷就搭好了。

三、温馨提示

1. 固定的四角地钉一定要够稳，否则遇到大风，帐篷有可能会被吹走的。

2. 不同的帐篷，搭建方法会有一些区别，需仔细阅读安装说明。

3. 未成年人不能独自在外露营，必须有父母或者其他成年人陪同。

你学会搭建帐篷了吗？找一个周末，跟家人一起带上帐篷，出去郊游吧！

四、自我评价

"搭建帐篷"这个生活技能，我的熟练程度是（在□里打√）：

非常熟练□　　　　比较熟练□　　　　基本会□

不太会□　　　　完全不会□

80 量体温

一、技能简介

体温测量是诊断疾病时常用的检查方法。人体的正常体温通常在37℃左右。学会测量体温，对于早发现疾病，早治疗有重要意义。

二、步骤与方法

（一）额温枪

1. 测量前，将额温枪调至体温模式
2. 测量时，应指向前额头正中央眉心上方并保持垂直，测量部位不能有毛发遮挡，产品与额头的距离建议在3~5厘米，按下按钮。屏幕显示器所显示的数字即为所测的体温。

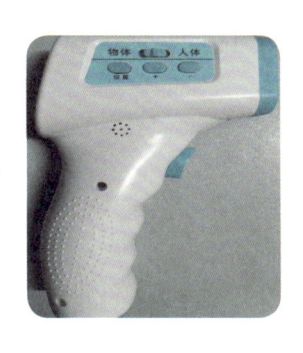

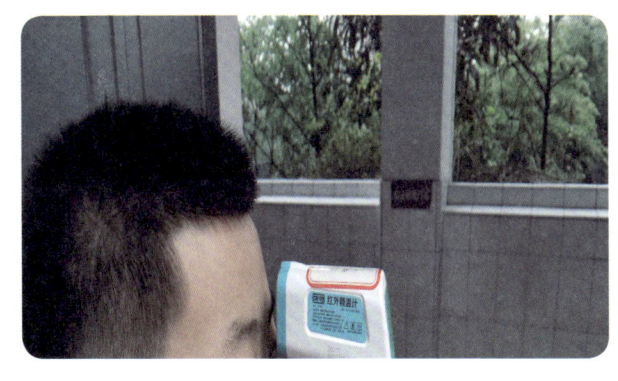

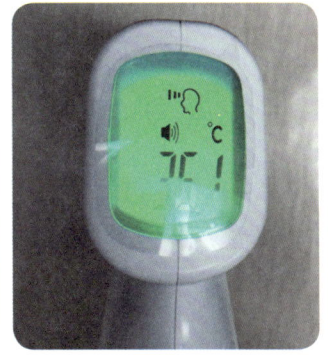

（二）水银温度计

1. 测量前，需检查温度计是否有损坏，损坏的温度计不能使用。
2. 观察体温计水银柱所在刻度，若显示在36℃以上，需捏紧玻璃那头，将水银甩到35℃以下。

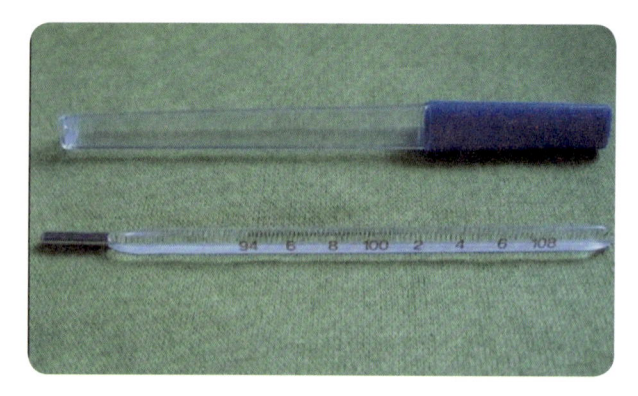

3. 检查好后，将体温计放入腋下，夹住，静坐 5 分钟左右即可。

4. 取出温度计，可以看见一条水银柱线，对应刻度的数字即为体温。

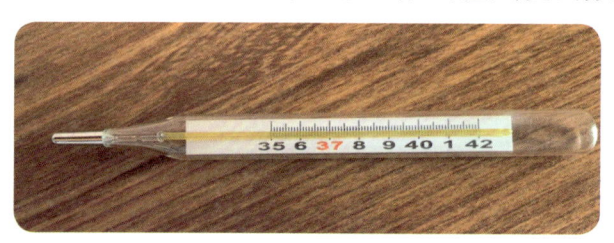

三、温馨提示

1. 风吹和出汗等情况可能会影响测量结果，应停留 5 分钟左右再进行测量。

2. 取出水银温度计后，不要将其随意晃动。

你是不是已经掌握了量体温的技能了？赶快自己动手试一试吧，也可以帮其他人测测体温呢！

四、自我评价

"量体温"这个生活技能，我的熟练程度是（在□里打√）：

非常熟练□   比较熟练□   基本会□

不太会□   完全不会□

81 看药物说明书

一、技能简介

近年来，世界各国对药品说明书的内容要求更为严格，特别是对毒副作用、禁忌症和使用注意事项更为重视，所以看清药品说明书就变得非常重要。

二、步骤与方法

1. 看清药品名称，有时同一种药品具有多个名称，如正式名、别名、商品名等，有些药物只差一个字，作用差别巨大。

2. 打开药盒后找到药物说明书，看懂药物说明书，需要注意以下细节：

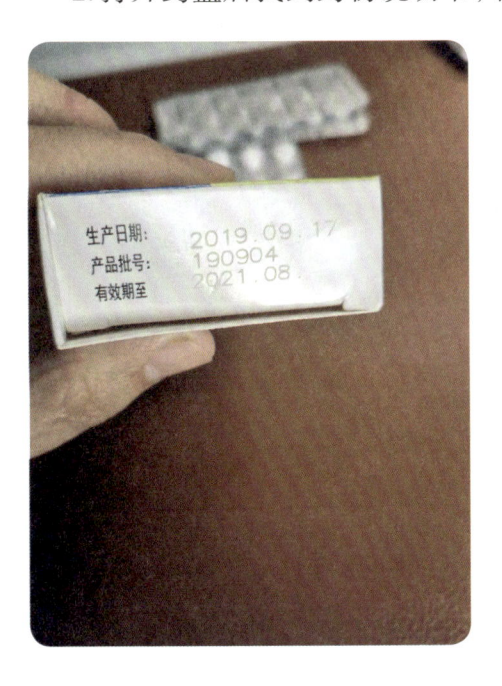

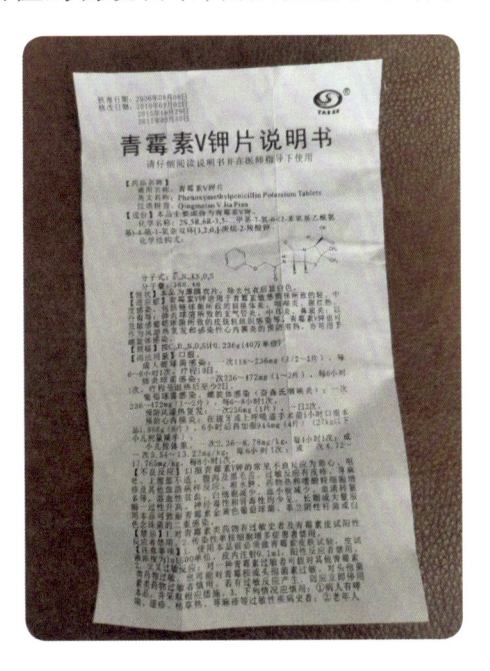

（1）首先看清药物的用法和用量，药物适宜用于治疗什么疾病。（2）其次要注意禁忌症，若有肝病患者慎用，12岁以下儿童禁用，一定要严

格遵守。（3）还需要注意药物的保质期，一般药品的保质期为三年左右，过期药物不能服用。（4）还需要看清楚药品的服用方法和时间，避免使用错误药量，注意服药间隔时间，间隔长短会影响药物浓度，影响药物效果。

三、温馨提示

1. 过期药品不能服用，并用专用垃圾袋处置。

2. 请遵医嘱，如有不清楚的地方，请咨询专业医药人员，不能胡乱用药。

你是不是已经掌握了看药品说明书的技能了？赶快动手清理一下家里面的药箱，看看有没有过期药物，为了你和家人的安全，以后服用药物之前一定要仔细阅读药品说明书哦！

四、自我评价

"看药品说明书"这个生活技能，我的熟练程度是（在□里打√）：

非常熟练□　　　　比较熟练□　　　　基本会□

不太会□　　　　完全不会□

82 拨打120急救电话

一、技能简介

当我们遇到自己或别人生病、受伤，并且情况紧须亟须送医时，需要拨打120急救电话，让病人得到第一时间的专业救治。

二、步骤与方法

1. 拨打120电话，电话接通后，根据工作人员的询问，清晰地告诉工作人员病人或伤者的基本信息，包括姓名、性别、年龄、联系电话。

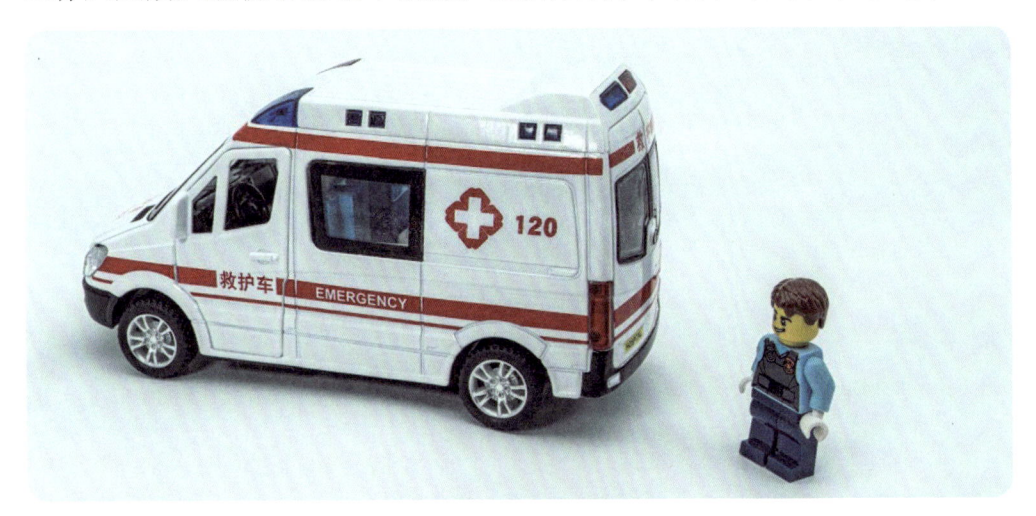

2. 清楚、准确地告知病人所在的详细地址，包括所在街道、小区、门牌号，以及救护车进入的方向、位置，特别是夜间，以便急救人员可迅速、准确地到达现场。

3. 告知病人或伤者的受伤情况，如不舒适的具体症状，是否有神志不清、胸痛、呼吸困难、肢体瘫痪等症状，以便急救人员做好准备，到达后对症抢救，还可告知已经对病人或伤者采取的救助措施。

4. 打完电话后，保持电话畅通，以便120救护人员在需要时能再次与你联系，然后原地等待 120 救护人员的到达。

三、温馨提示

1. 在病患情况危急或者自己无法判断病情时，不要自行将病患送至医院，应拨打 120，请求专业救护。

2. 120 拨通后，不要慌乱，保持镇静。

你是不是已经掌握了拨打 120 的技能了？赶快和同学、家人一起分享拨打 120 的方法和步骤吧！

四、自我评价

"拨打120急救电话"这个生活技能，我的熟练程度是（在□里打√）：

非常熟练□　　　　比较熟练□　　　　基本会□

不太会□　　　　完全不会□

83 拨打119消防报警电话

一、技能简介

119不仅是一个火警电话，还是一个为人民服务的救助电话，但通常用于灭火，是目前消防部门受理火灾的主要渠道。

二、步骤与方法

1.119电话接通后，保持镇定，说清失火地点，所在区县，街道、门牌号等详细地址。

2.讲清着火地点高度，如：着火楼层。

3.讲清着火物，什么东西着火、起火部位、着火物资、火势大小、是否有人被困等情况。

4.保持电话畅通，确保消防人员能随时与报警人取得联系。

5.报警后到路口或约定地点等待消防车，以便明确指引路线，准确到达现场。

三、温馨提示

1.119消防报警电话是我国的社会公共资源，不能随意拨打、占用，以免给他人或社会造成不必要的损失。

2.119消防队出警是免费的，不收取费用。

你是不是已经掌握了拨打119的技能了？赶快和同学、家人一起分享拨打119的方法和步骤吧！

四、自我评价

"拨打119消防报警电话"这个生活技能，我的熟练程度是（在□里打√）：

非常熟练□　　　　比较熟练□　　　　基本会□

不太会□　　　　完全不会□

84 拨打110报警电话

一、技能简介

110报警服务台以维护治安与服务群众并重为宗旨，除负责受理刑事、治安案件外，还接受群众突遇的、个人无力解决的紧急危难求助。所以当我们遇到危险或需要帮助时，可以在第一时间拨打110报警电话。

二、步骤与方法

1. 遇到危险第一时间立刻拨打110。

2. 报警时要准确说明遇到的情况或困难。

3. 报警时要具体讲清自己的姓名、所在位置、联系方法等，并按接警员的询问如实回答。

4. 积极配合，报警后（除特殊情况外）在原地等候，与接警的民警取得联系，详细介绍情况，协助警方调查。

三、温馨提示

110报警电话是我国的社会公共资源，如无需要报警求助的情况，不要随意拨打、占用，以免给他人或社会造成不必要的损失。

你是不是已经掌握了拨打110的技能了？赶快和同学、家人一起分享拨打110的方法和步骤吧！

四、自我评价

"拨打110报警电话"这个生活技能，我的熟练程度是(在□里打√)：

非常熟练□　　　　比较熟练□　　　　基本会□

不太会□　　　　完全不会□

85 正确处理噎住

一、技能简介

当外来异物不小心卡在喉咙或气管，阻挡空气进出，空气无法进入肺部完成呼吸，我们称为"噎到"。成人大部分是被食物噎到，小孩子则可能会因为吞食不同物品而不小心噎到。无论如何，噎到会影响呼吸，我们都需要尽快解决。

二、步骤与方法

如果出现了气管被异物卡住的情况，轻者可以持续咳嗽，直到排出卡住的异物为止。重者如果不能呼吸，也不能咳嗽，可采用"海姆立克法"进行现场急救。具体方法如下：

1. 急救他人。

（1）救护者利用"海姆立克法"，从背后抱住病人腰部。一手握拳，将拇指一侧放在病人腹部肚脐的上方，另一只手握住握拳的手，急速地、冲击性地向上压迫病人腹部，反复有节奏、有力地进行。病人头部应略低，嘴要张开，以便将受到气流冲击的异物吐出。若病人为儿童时，冲击压迫力量不要过大。

（2）如果病人已昏迷，将病人仰卧。救护者用手顶住病人腹部，冲击性地、快速地向前上方压迫五次。

2. 自救。

将自己的一只拳头放于上腹部肚脐的正上方，然后按照救护他人的方法进行。也可用椅背、桌子边缘或其他适当物体，将自己的腹部卡在这些坚硬物体的边缘上，快速冲击压迫。

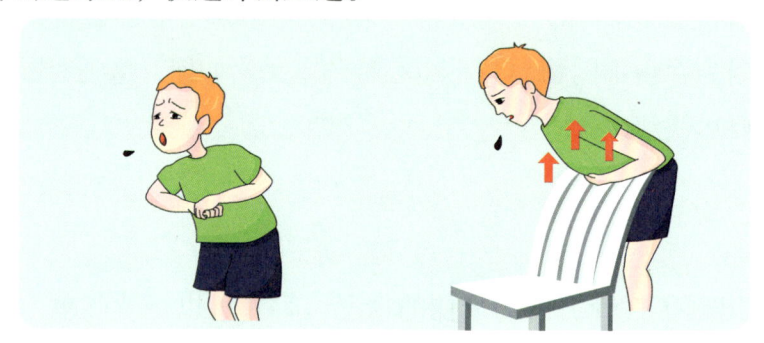

三、温馨提示

病人窒息症状减轻以后，也不能排除异物的存在，因为部分异物可能停留在大小合适的气管或支气管中，建议及时把病人送到医院检查。

你是不是已经掌握正确处理噎住的技能了？当身边的人出现这样的情况，你能不能学以致用，为他人提供帮助呢？

四、自我评价

"正确处理噎住"这个生活技能，我的熟练程度是（在□里打√）：

非常熟练□　　　　比较熟练□　　　　基本会□

不太会□　　　　完全不会□

86 正确处理鱼刺卡住

一、技能简介

我们在吃鱼的时候很容易被鱼刺卡住。一般来说，鱼刺卡喉，最常见的是在口咽部，包括扁桃体、扁桃体周围和舌根浅部等比较浅显的位置。所以，我们第一时间取出鱼刺是最重要的。

二、步骤与方法

1. 停止进食。

（1）应立即停止进食，连水都不要喝，放松咽喉，尽量减少吞咽动作，舒缓情绪。如果是小朋友，应该先安慰他，使其不要哭闹，以免将鱼刺吸入喉腔或食管。

（2）病人低头弯腰，试着用力咳嗽，细小的鱼刺会跟着气流冲出来。也可以试着刺激喉咙诱发恶心、呕吐，通过自己的努力促使鱼刺松动，并吐出来。

2. 借助工具。

可以用筷子或匙柄、压舌板等工具轻轻压住舌头，借用手电筒观察异物大小、位置。如果发现鱼刺不大，扎的位置不深，可用小镊子轻轻夹出。

3. 寻求医生帮助。

（1）如果没有发现鱼刺，说明鱼刺的位置比较深，拔出有困难；如果看到了鱼刺，但非常粗大，扎得很严实，千万不要乱拔。

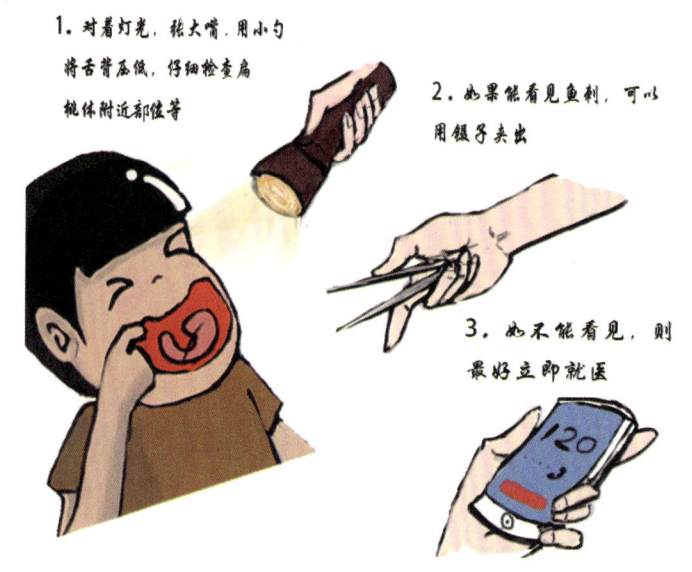

1. 对着灯光，张大嘴，用小勺将舌背压低，仔细检查扁桃体附近部位等

2. 如果能看见鱼刺，可以用镊子夹出

3. 如不能看见，则最好立即就医

（2）立即到医院请专业医生诊治，这也是异物刺伤时最恰当的处理方法。

三、温馨提示

预防鱼刺卡喉，最重要的就是吃鱼时一定要集中注意力。所以，吃鱼时尽量少说话，少分心，吃鱼时不要混合其他菜饭一起吃，要认真小心吐出每一根鱼刺。

你是不是已经掌握正确处理鱼刺卡住的技能了？当身边的人或自己出现这样的情况，你能不能学以致用，帮助身边的人或自己呢？

四、自我评价

"正确处理鱼刺卡住"这个生活技能，我的熟练程度是（在□里打√）

非常熟练□　　　　比较熟练□　　　　基本会□

不太会□　　　　完全不会□

87 处理烫伤

一、技能简介

我们无论在家里、学校，还是公共场所，都有发生烫伤的可能。如果没有大人在身旁，错过了最佳急救时间，或者对烫伤采取错误的处理方式都会加重伤情，甚至发生感染。因此，我们需要了解并具备处理烫伤的常识。

二、步骤与方法

（一）了解烫伤程度

烫伤的程度和面积不同，处理的方式也不同，所以，首先要判断烫伤的程度：

一级烫伤：小面积皮肤发红刺痛，无破皮、无水泡。

二级烫伤：小面积皮肤红肿疼痛，有水泡或者有破皮。

三级烫伤：皮肤红褐色，严重时直接变成黑色，出现皮肉剥离、坏死。

（二）处理方法

处理烫伤，要记住五步口诀："冲、脱、浸、盖、送。"

1. 第一步：冲。

用自来水轻轻冲洗伤口20分钟以上（水流缓慢、轻柔），能对烫伤部位的表层和内层起到降温作用，还可以减轻疼痛。

注意：如烫伤处有破皮，则不能用自来水降温，要用纯净水或冷开水冲烫伤处，自来水里的细菌容易引起感染。

2. 第二步：脱。

在充分的冲洗降温后，在冷水中小心地除去紧贴在烫伤处的衣物。

如果衣物粘在皮肤上了，不要强行除去，可以用剪刀把周围的衣物剪去，然后到医院处理。

3. 第三步：浸。

一、二级烫伤，经过前两步后，再用自来水或冷开水浸泡 30 分钟以上。然后涂上烫伤膏就可以了。

注意：大面积烫伤和三级烫伤，直接跳过第三步，进入第四步。

4. 第四步：盖。

大面积烫伤和三级烫伤患者用无菌纱布或干净纯棉毛巾覆盖于烫伤部位，并固定，避免外界污染，引发感染。

5. 第五步：送。

覆盖好烫伤部位，紧急送医，进行进一步的专业治疗。

三、温馨提示

1. 千万不要随便在烫伤处涂抹东西，比如牙膏、酱油、紫药水……这样不仅容易加重伤情，还会影响医生判断伤情。

2. 如果出现水泡，千万不可自行戳破，以免留下疤痕，甚至感染，水泡面积较大时需要到医院进行处理。

你掌握这项技能了吗？记住五步口诀，当家人或者朋友遇到这种情况时，可以帮助他们缓解伤情哦！

四、自我评价

"处理烫伤"这个生活技能，我的熟练程度是（在□里打√）：

非常熟练□　　　　比较熟练□　　　　基本会□

不太会□　　　　完全不会□

88 包扎伤口

一、技能简介

我们的身体在生活中难免会遇到磕磕碰碰，受到伤害。一旦出现伤口，千万不能大意，一定要采取正确的方式进行处理。如果处理不当或处理不及时，可能会诱发伤口感染，甚至引起更大的危险。

二、步骤与方法

1. 小伤口（程度不深、出血量少）：先用清水冲洗干净，接着用碘伏擦拭伤口，最后贴上透气性好的创可贴，再涂上一层外用消炎药膏。

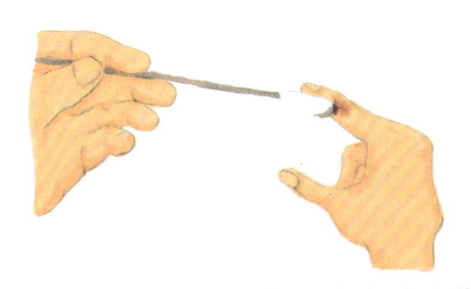

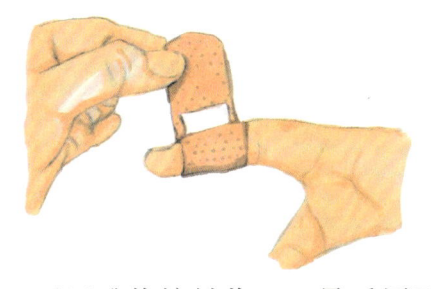

2. 伤口较深：先用清水冲洗伤口，再用碘伏擦拭伤口，最后用干净的纱布或者毛巾覆盖伤口，赶紧到医院找医生进行处理。

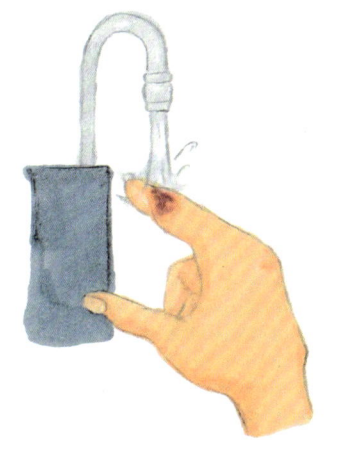

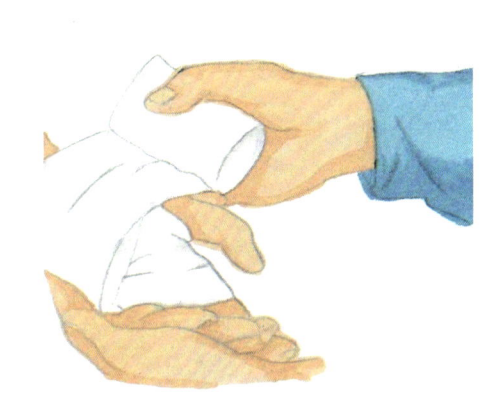

3.伤口大量出血，流血不止：先止血，用干净的纱布或者毛巾按住。然后，赶紧就医。

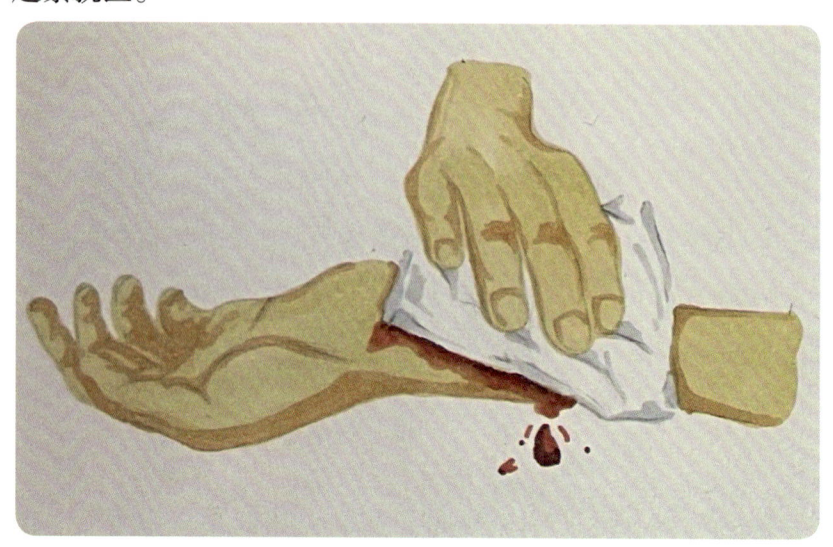

三、温馨提示

1. 不要用酒精、紫药水进行消毒。
2. 请勿用纸巾擦拭伤口，避免细菌感染。
3. 如果伤口比较严重，去医院前要禁食禁水，因为，如果医生判断需要全麻手术，吃东西喝水会延误手术时机。

你掌握这项技能了吗？同学或者家长受伤，你能帮助他们正确处理伤口吗？

四、自我评价

"包扎伤口"这个生活技能，我的熟练程度是（在□里打√）：

非常熟练□　　　比较熟练□　　　基本会□

不太会□　　　完全不会□

89 处理宠物咬伤

一、技能简介

我们很多小朋友都喜欢小动物，喜欢和小动物亲近，但是一定要注意安全，一旦被宠物咬伤，如果不进行正确的处理，可能会造成严重的后果。

二、步骤与方法

1. 首先，用大量的肥皂水和清水反复交替冲洗伤口，时间要超过20分钟。

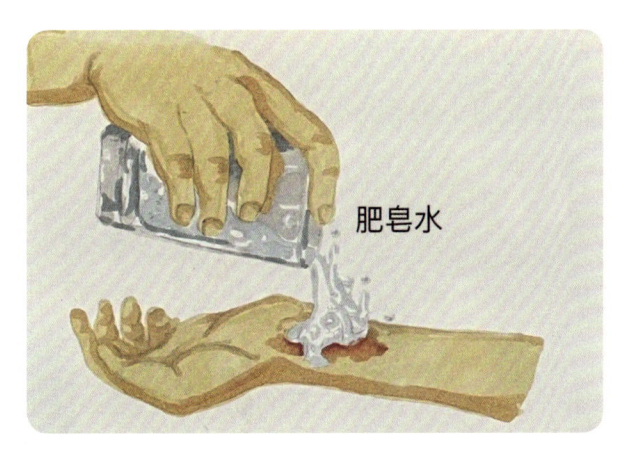

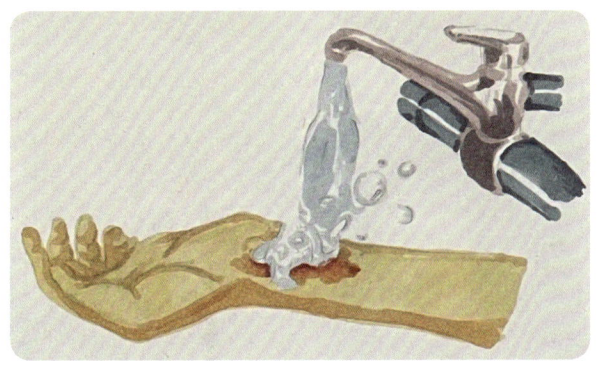

肥皂水

2. 出血不多：用手挤压伤口周围，挤压出血，再重复第一步。

出血多：局部压迫伤口止血。

3. 赶紧前往医院注射破伤风针和狂犬疫苗。

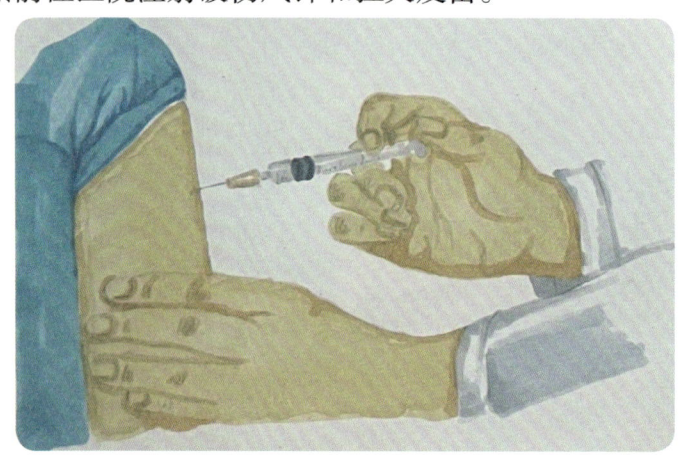

三、温馨提示

1. 不要随意去逗惹外面的小动物。

2. 不要靠近正在进食的小动物。

你掌握这项技能了吗？如果身边有人被宠物咬伤，可以帮助他们正确处理伤口哦！

四、自我评价

"处理宠物咬伤"这个生活技能，我的熟练程度是（在□里打√）：

非常熟练□　　　比较熟练□　　　基本会□

不太会□　　　完全不会□

90 处理流鼻血

一、技能简介

我们的鼻子比较脆弱，天气干燥、上火、硬物撞击等都有可能造成鼻腔出血，如果我们能学会及时、正确的止血方法，就不会造成血液过量流失，避免对身体造成伤害。

二、步骤与方法

1. 坐下，用手捏紧鼻子下方 1/3 处（鼻骨下方）。

2. 身体前倾，头微微低下，以防血液流入气管和肠胃，引起不适。用嘴呼吸，如果有血液流入口腔一定要吐出来，不要吞咽。

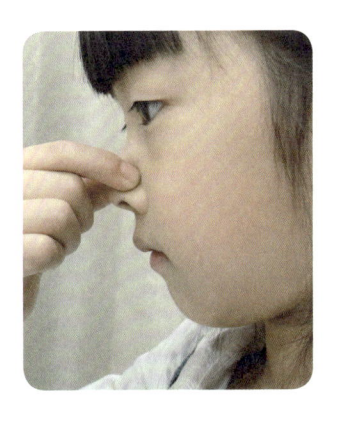

3. 捏住鼻翼，保持 10~15 分钟，这期间还可以用凉毛巾或者冰袋冰敷鼻梁处，刺激鼻黏膜血管收缩，从而帮助止血。（传统的用冷水拍额头和后颈部，由于离出血部位较远，止血作用不大。）

4. 如 10~15 分钟之后仍有出血情况，可以再重复一次，再次捏住鼻翼，保持 10~15 分钟，仍不能止血，请及时就医。

三、温馨提示

1. 不要仰头，不要用纸巾堵住鼻孔。

2. 秋冬季节干燥，经常会出现鼻腔出血的情况，可以用滴鼻液等滴鼻子，保持鼻腔湿润就能减少出血情况。

你掌握这项技能了吗？如果身边有人流鼻血，你可以运用这项技能，帮助他们快速有效地止血哦！

四、自我评价

"处理流鼻血"这个生活技能，我的熟练程度是（在□里打√）：

非常熟练□　　　　比较熟练□　　　　基本会□

不太会□　　　　完全不会□

91 中暑的紧急处理

一、技能简介

夏季，气温升高，天气酷热，很容易导致中暑。中暑的症状：一开始会感到头晕、头痛、口渴、恶心、四肢无力，体温基本正常或略高；严重者会出现面色由红变白、发热、心跳加快、大量出汗、皮肤湿冷等症状，甚至昏迷，所以需要及时采取紧急处理措施。

二、步骤与方法

一旦发现有人中暑，要根据当时的具体情况迅速做出以下紧急处理方法：

1. 没有紧急处理所需物品的情况：

（1）将患者移到阴凉通风的地方，迅速脱离高温环境。

（2）松开患者穿的衣物。

（3）如衣服被汗水湿透，应立刻脱下。

2. 有紧急处理所需物品的情况：

（1）人工散热：用湿毛巾冷敷腋下、额头等部位。

（2）服用藿香正气合剂或人丹等祛暑药物。

（3）补充液体——淡盐水。

（4）如衣服被汗水湿透，应更换干衣服。

注：经过以上处理，患者症状无缓解，要及时送到医务室或医院进行处理。

三、温馨提示

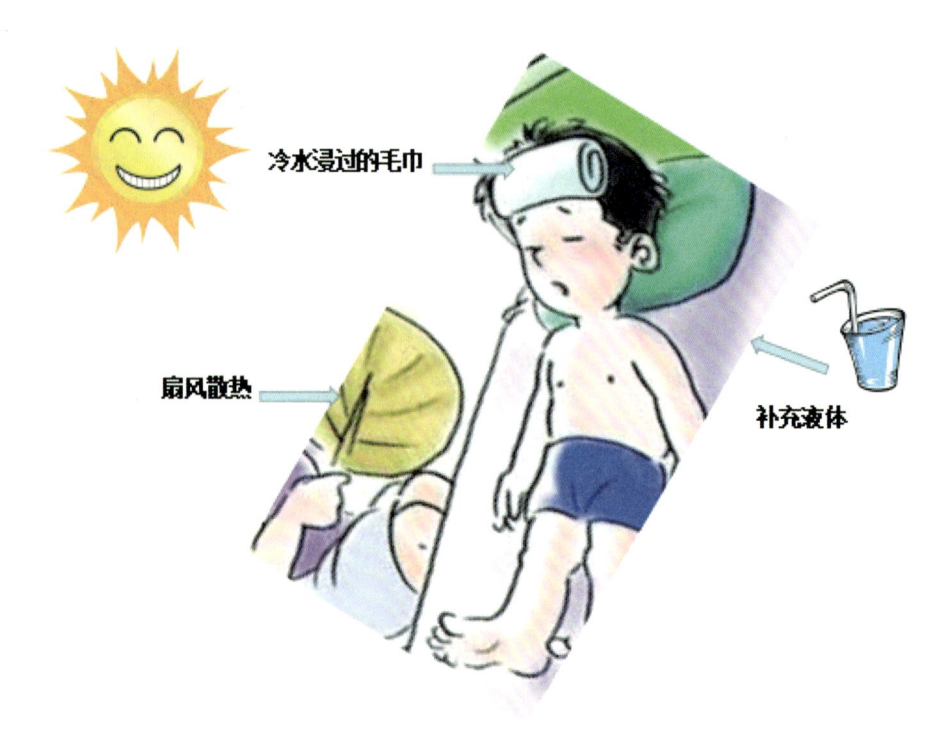

1. 出门在外，建议随身携带藿香正气合剂、风油精、人丹等防暑药物，以备不时之需。
2. 尽量穿浅色衣服；外出打伞或戴遮阳帽，避免长时间被阳光照射。
3. 要保证足够的饮水，不建议饮冰水。

你是不是已经了解并掌握了中暑的紧急处理技能呢？可以把这些方法推广给身边的人哦！

四、自我评价

"中暑的紧急处理"这个生活技能，我的熟练程度是（在□里打√）：

非常熟练□　　　　比较熟练□　　　　基本会□

不太会□　　　　完全不会□

92 晕倒的紧急处理

一、技能简介

一个人晕倒有很多种原因,对于非专业人士的我们来说比较难判断,但不管哪种晕倒发生时,患者都会有丧失意识的表现,我们能够及时做出相应急救措施,才能为患者争取宝贵的抢救时间。

二、步骤与方法

1. 第一时间拨打急救电话——120。

> 解开衣领、裤带使之平卧;不要移动

2. 尽量不搬动、少打扰患者。
3. 松解患者衣领、裤带,使之平卧。

4. 给患者创造安静、通风的场所。

5. 大声呼叫患者，判断患者是否有意识。

6. 可以给患者掐人中，看是否能刺激患者苏醒。（注：人中沟是上嘴唇与鼻下部之间正中部的一条浅沟。因为这个穴位特别敏感，掐起来特别痛，能对病人造成强刺激，有促使其恢复知觉的作用。）

三、温馨提示

1. 如果是冬天要注意给患者保暖。

2. 休克严重的患者，头部应放低，用身边可取到的书、衣服等把腿垫高，但头部受伤、呼吸困难者不宜采用此法，而应稍抬高头部。

3. 患者如果有摔伤出血的，要进行压迫止血。

若出现了有人晕倒的情况，你可以用学到的技能为他进行紧急处理了吗？

四、自我评价

"晕倒的紧急处理"这个生活技能，我的熟练程度是（在□里打√）：

非常熟练□　　　　比较熟练□　　　　基本会□

不太会□　　　　完全不会□

93 正确使用灭火器

一、技能简介

灭火器是常见的防火设施之一，存放在公众场所或可能发生火灾的地方。根据填充剂可分为：干粉灭火器、泡沫灭火器、二氧化碳灭火器、水基型灭火器、卤代烷灭火器，我们常用的基本上都是干粉灭火器。了解并学会使用消防器材——灭火器，是提高自我保护能力和遇险防范技能的体现。

二、步骤与方法

1.（一提）将灭火器提于手中。

2.（二拔）除掉铅封，拔掉保险销。

3.（三压）右手提着压把，用力压下，使喷管对准火焰。

4.（四喷）左手拿着喷管左右摇摆，喷射干粉覆盖燃烧区，直至把火全部扑灭。

三、温馨提示

1. 手提干粉灭火器距离起火点 2~5 米，应占据上风方向。
2. 使用前先把灭火器上下颠倒几次，使筒内干粉松动。
3. 从火焰的侧面，对准火焰根部左右扫射。
4. 灭火器在灭火过程中始终保持直立状态。

你会使用灭火器了吗？如遇到火情，需正确判断、正确使用灭火器哦！

四、自我评价

"正确使用灭火器"这个生活技能，我的熟练程度是（在□里打√）：

非常熟练□　　　　比较熟练□　　　　基本会□

不太会□　　　　完全不会□

94 火灾逃生

一、技能简介

在火灾发生时，我们要在第一时间迅速做出反应，采取正确有效的火灾逃生方法，保证自己的人身安全，学会火灾应急避险的常识和技巧是每个人生活中必备的。

二、步骤与方法

1. 发现火情一定记得及时拨打电话：119。
2. 根据自己当时所在的不同环境，不同情况，有以下不同逃生方法：

（1）湿毛巾或手帕捂鼻护嘴法：由于着火时，烟气大多聚集在上部空间，有向上蔓延快、横向蔓延慢的特点，因此在逃生时，不要直立行走，应弯腰前进。

（2）遮盖护身法：将浸湿的棉大衣、棉被、门帘子、毛毯、麻袋等遮盖在身上，确定逃生路线后，以最快的速度直接冲出火场，到达安全地点。

（3）封隔法：如果走廊或对门、隔壁的火势比较大，无法疏散，可退入一个房间内，将门缝用毛巾、毛毯、棉被、褥子或其他织物封死，防止受热，可不断往上浇水进行冷却。防止外部火焰及烟气侵入，从而达到抑制火势蔓延速度、延长时间的目的。

（4）卫生间避难法：发生火灾，实在无路可逃时，可利用卫生间进行避难。因为卫生间湿度大，温度低，可用水泼在门上、地上，进行降温，水也可从门缝处向门外喷射，达到降温或控制火势蔓延的目的。

三、温馨提示

1. 养成熟悉环境的好习惯。当你走进商场、宾馆、酒楼、展览馆等公共场所时，要留心安全出口、灭火器的位置，以便在发生意外时及时疏散和灭火。

2. 发生火灾时不要乘坐电梯逃生。

小技能，大作用，当你遇到火灾时，一定要保持冷静，做出正确的判断，根据情况选择合适的逃生方式，保护好自己的生命安全！

四、自我评价

"火灾逃生"这个生活技能，我的熟练程度是（在□里打√）：

非常熟练□　　　比较熟练□　　　基本会□

不太会□　　　完全不会□

95 地震自救

一、技能简介

"地震自救"就是指在地震发生前后,我们如何快速地在地震中保护自己的生命安全,比如就近躲避、震后迅速撤离、生命三角救生等方法。

二、步骤与方法

1. 室内自救:寻找"生命三角点"避难空间。地震后房屋倒塌,有时会在室内形成三角空间,这些地方是人们可以藏躲的地点,称为避震空间。它包括床沿下、坚固家具附近、内墙墙根、厨房、储藏室等地方。千万不要去阳台和窗下躲避。

2. 公共场所自救:如果你正在影剧院、体育馆等处遇到地震时,特别是当场内断电时,不要乱喊乱叫,应就地蹲下或躲在排椅下,注意避开吊灯、电扇等悬挂物,用其他物品保护头部,等地震过后,听从工作人员指挥,有组织地撤离;如果你正在商场等公共场所,你需要选择结实的柜台或柱子边,以及内墙角处就地蹲下,用手或其他东西护头,避开玻璃门窗,也可在通道中蹲下,等待地震平息,有秩序地撤离出去;如果是正在上课的学生,要在老师的指挥下迅速抱头、躲在各自的课桌下,绝不能乱跑或跳楼,地震后,有组织地从教室撤离,到就近的开阔地带避震。

3. 户外自救：如果地震发生时你正在野外，要迅速离开河边或桥梁，以防止地震时河岸或桥梁坍塌。要避开山边的危险环境，遇到山崩、滑坡要迅速向滚石两侧躲避，也可躲在结实的障碍物下。如果你正在户外，你要就地选择开阔地蹲下或趴下，不要乱跑，要避开人多的地方，避开高大建筑物、避开危险物以及其他危险场所。

三、温馨提示

1. 地震后的建筑因遭受到地震的冲击，很多部分都被震坏或者震损，处于失稳的临界状态，已然变成危险场所。因此地震一旦停止，就要迅速撤离到安全地区。

2. 万一被困，一定要充满生存的信心，保存体力，等待救援。

你是不是已经掌握了地震自救的技能了？可以在家和父母进行一次模拟地震自救活动。

四、自我评价

"地震自救"这个生活技能，我的熟练程度是（在□里打√）：

非常熟练□　　　比较熟练□　　　基本会□

不太会□　　　完全不会□

96 暴雨安全避险

一、技能简介

夏季的时候，容易出现暴雨天气，为了更好地保护自己和家人的生命安全，我们需要学习关于暴雨来临时自救的技能。

二、步骤与方法

1. 远离建筑物的地下建筑部分，如：地铁、地下人防工程、地下涵洞、地下商街等。

2. 远离破旧建筑物、广告牌、站牌等。

3. 远离山坡。

4. 远离电力设备。

5. 远离积水路段。

6. 远离大树，注意防雷。

7. 远离车辆。如果在车内，要用最快速度砸烂车玻璃，往安全地方跑。

三、温馨提示

1. 遇到暴雨时尽快往地势高、坚固的建筑物撤离。
2. 遇到暴雨涨洪水时，一定不要乘车撤离。

你是不是已经了解暴雨来临时该怎样自救了？赶快熟悉一下自己生活的环境，看看周围有哪些高而且坚固的建筑物，当暴雨来临的时候保护好自己和家人的生命安全。

四、自我评价：

"暴雨安全避险"这个生活技能，我的熟练程度是（在□里打√）：

非常熟练□　　　比较熟练□　　　基本会□

不太会□　　　完全不会□

97 遇到他人溺水怎么办

一、技能简介

"溺水"是指人淹没于水或其他液体中受到伤害的状况。水充满呼吸道和肺引起缺氧窒息,最后造成呼吸停止和心脏停搏而死亡。我们在遇到他人溺水时,有以下几种救助方法。

二、步骤与方法

1. 大声呼救,同时寻找救援工具:遇到他人溺水时切记不要盲目下水救援,应大声呼救,让周围的人赶过来救援。同时你还可以在周边找找是否有可以在水中漂浮的物体,比如木板、泡沫等物体,扔给溺水者,帮助其等待救援队伍。

2. 打电话呼叫专业的救援团队:你可以向专业的救援团队(医护人员或者消防员)求助,因为他们的救人设备比较专业,能够及时地抢救溺水者。

3. 教给溺水者正确的自救方法：溺水的人一般都会很害怕，在溺水的那一刻就会非常慌乱，于是就开始拼命挣扎。其实这样的做法是错误的，挣扎只会让自己更快地沉下去。当有人溺水时，你需要安抚溺水者，让溺水者冷静下来。教他"踩水"的方法（两腿向下踩蹬，两手放在胸前做横向划水动作，可稍微地漂浮在水面），或者是让溺水者采取仰卧的姿势，尽量让自己的头部往后靠，让鼻子露出水面及时地呼吸。

三、温馨提示

1. 不要盲目下水去救人。

2. 不要独自下河玩水，要在家长的陪同下去正规游泳池游泳。

你是不是已经掌握了"遇到他人溺水怎么办"的技能了呢？可以在家和父母模拟溺水救人技能。

四、自我评价

"遇到他人溺水怎么办"这个生活技能，我的熟悉程度是（在口里打√）：

非常熟练口　　　比较熟练口　　　基本会口

不太会口　　　完全不会口

98 遇到交通事故怎么办

一、技能简介

"交通事故"是指车辆在道路上因驾驶者过错或者意外造成人身伤亡或者财产损失的事件。交通事故不仅是由不特定的人员违反道路交通安全法规造成的，也可以是由于地震、台风、山洪、雷击等不可抗拒的自然灾害造成的。遇到交通事故我们可以用以下方法。

二、步骤与方法

1. 拨打急救电话：发生交通事故后，首先要让自己冷静下来，拨打"122"交通事故报警中心电话。在报警的同时检查身体是否受伤，若受伤就需要拨打"120"急救中心电话等待救援。

2. 保护现场：在交警到来之前保护好现场的原始状态，避免事故现场遭受人为破坏。如涉及其余车辆，应记下车牌号码，并询问对方联络电话。

3. 协助调查：在交警勘查现场和取证时，如果你正好看到或者了解一些情况，你必须要如实向交警陈述交通事故发生经过，积极配合交警的调查工作。

三、温馨提示

1. 在上学放学路上要遵守交通规则，不能横穿马路。

2. 如果乘车一定要系好安全带。

3. 车辆发生事故时要及时撤离事故车，设立标志，在安全区域等待。

你是不是已经掌握了"遇到交通事故怎么办"的技能了？记得把方法介绍给更多的人哦！

四、自我评价

"遇到交通事故怎么办"这个生活技能，我的熟练程度是（在□里打√）：

非常熟练□　　　　比较熟练□　　　　基本会□

不太会□　　　　完全不会□

99 感冒怎么办

一、技能简介

生活中，我们经常会遇到头痛脑热，感冒发烧的情况。当我们感冒时，我们需要做出及时、正确的处理，以减少疾病对我们的伤害。

二、步骤与方法

感冒一般可以分为两种：普通感冒和流行性感冒。

1. 普通感冒一般症状较轻，主要表现为打喷嚏、流鼻涕、咳嗽、咽喉痛等症状。针对普通感冒，我们可以采取多喝温开水，做好身体保暖，多休息等方式来缩短病程。大多数普通感冒3~5天后都可以自行治愈。如果出现发热的情况，体温没有超过38.5℃，可采取物理降温的办法，如洗温水澡、用温水擦拭皮肤、在额头贴退烧贴等进行物理散热。如果物理降温效果不明显，体温继续上升或反复发热，需要及时就医治疗；如果体温超过38.5℃，口服儿科医生推荐的儿童退烧药，同时立即送医，送医同时做好物理降温。发热期间不要穿得过厚或采取捂汗的方法退烧，以免使体温变得更高。

2. 流行性感冒一般症状较重，持续时间长，多发于秋冬季节，主要表现为发热（一般多超过38.5℃）、头痛、肌肉酸痛、咳嗽、咽喉肿痛、全身无力等症状。如果出现这些症状，建议及时就医治疗。

三、温馨提示

1. 感冒后注意饮食清淡，多喝温开水，多吃富含维生素C的果蔬。
2. 注意休息，避免疲劳，保证睡眠质量。
3. 家中注意通风，保证室内空气流通。
4. 病情如有变化，需要及时就医，以免延误就诊时间导致病情恶化。
5. 感冒后，出行在公共场合与他人接触时，要佩戴好口罩，以免传染给他人。
6. 家中常备医生建议的儿童退烧药。

你是不是已经掌握了感冒后的处理方法？当有同学或家人感冒时，一定要告知他们该怎么办哦！

四、自我评价

"感冒怎么办"这个生活技能，我的熟练程度是（在□里打√）：

非常熟练□ 　　比较熟练□　　　基本会□

不太会□　　　完全不会□

100 学会急救心肺复苏

一、技能简介

"心肺复苏术"是针对心脏骤停和呼吸暂停所采取的救命技术,是为了恢复患者自主呼吸。心脏骤停一旦发生,如得不到及时的抢救复苏,4～6分钟后会造成患者大脑和其他人体重要器官组织的不可逆的损害,因此心脏骤停后的心肺复苏必须在现场立即进行,我们可以为挽回心脏骤停伤病员的生命赢得最宝贵的时间。

二、步骤与方法

1. 及时拨打120紧急救援电话:与此同时可以大声呼叫,寻求周围人的帮助。

2. 确定周围环境是否安全:在等待急救车和医护人员时,要确保施救周围环境是安全的再实施抢救。

3. 判断患者是否有意识:可以轻拍患者的肩膀,大声问他:"您好,您怎么了?需要帮助吗?"如果患者没有回答你,就说明已经无意识,需要进行下一步施救，如果患者还能回答你的问题，就不需要进行心肺复苏。

4. 开始心肺复苏抢救：（1）胸外按压：胸外按压部位在两乳头连线中点，胸骨交叉点往上二横指，用手掌根部紧贴病人胸部，两手重叠，五指相扣，手指翘起，肘关节伸直，用上身重量垂直下压30次。（2）按压姿势：上半身前倾，双臂伸直，掌根按住胸骨正中，垂直向下用力。（3）按压速度和力度：以 100~120 次/分钟 的速度，有节奏地进行按压，将近1秒2次。以成年人为例，往下按压5~6厘米（胸部前后径的1/3）并让胸廓充分回弹，掌心贴紧，不要离开或移动。

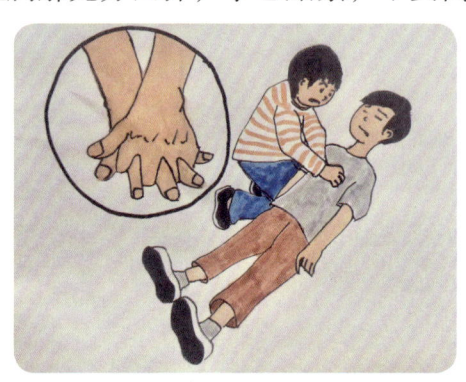

5. 清理口腔异物：将患者头部偏向一侧，清除患者口中异物。

三、温馨提示

如果对心肺复苏操作方法不熟悉的，就不要去擅自施救。

你是不是已经掌握了心肺复苏这个生活技能了？可以在家和父母一起演习心肺复苏急救动作。

四、自我评价

"学会急救心肺复苏"这个生活技能，我的熟练程度是（在□里打√）。

非常熟练□　　　比较熟练□　　　基本会□

不太会□　　　完全不会□